米塞斯夫人回忆录

My Years with Ludwig von Mises

〔美〕玛吉特·冯·米塞斯/著

曾允/译　杨震/校

上海社会科学院出版社
Shanghai Academy of Social Sciences Press

图书在版编目(CIP)数据

米塞斯夫人回忆录/(美)玛吉特·冯·米塞斯著;
曾允译. — 上海:上海社会科学院出版社,2019
 ISBN 978-7-5520-2099-1

Ⅰ.①米… Ⅱ.①玛… ②曾… Ⅲ.①米塞斯(Mises, Ludwig Von 1881-1973)-回忆录 Ⅳ.①K835.215.31

中国版本图书馆 CIP 数据核字 (2019) 第 029377 号

米塞斯夫人回忆录

著　　者:〔美〕玛吉特·冯·米塞斯
译　　者:曾　允
责任编辑:王　睿
出 版 人:佘　凌
出版发行:上海社会科学院出版社
　　　　　上海顺昌路622号 邮编200020
　　　　　电话总机 021-63315900　销售热线 021-53063735
　　　　　http://www.sassp.org.cn　E-mail: sassp@sass.org.cn
印　　刷:山东鸿君杰文化发展有限公司
开　　本:787×1092毫米　1/32开
印　　张:10.25　　插　页:1　　字　数:173千字
版　　次:2019年5月第1版　2019年5月第1次印刷

ISBN 978-7-5520-2099-1/K·510　　　定价:56.00元

版权所有　翻印必究

序

　　这本书不会回答任何经济学问题,也不会讲学院智慧。它要回答的是我的丈夫路德维希·冯·米塞斯的许多个人问题。

　　路德维希·冯·米塞斯逝世于1973年10月10日。当时全世界的报纸、杂志围绕他的著作和生平发表了大量的回忆和评论文字,以及他过去的语录,但没有一位记者或经济学家把他当作一个男人、一个有情感的人来写。很多人让我注意到这一点,他们无法理解其中缘由。

　　原因很简单,我的丈夫是一个低调的人。他宽和待人,克己自律,不爱谈论自己的生活逸事,也不谈自己和家庭。他的工作和著作属于世界,他的情感属于我。我有理由相信,我是唯一真正了解他的人。

　　这就是我写作本书的原因。我渴望让钦慕他的人,以及许多爱戴和钦佩他的学生更贴近他,这种渴望在我内心强烈到让我着迷。通过讲述我们共同生活的故事,

我将试着去揭示路德维希·冯·米塞斯的真正模样：一个伟大的思想家、一个伟大的学者、一个伟大的老师，同时也是一个极其需要爱和关怀的孤独之人。

致　谢

我要感谢许多朋友，他们在不同程度上帮助我获取了写作本书所需要的信息；同时，也要感谢在我写作期间与我一同生活的亲朋好友。但愿我能够提及这些年里成为我们生命的一部分的所有人，不过我知道，那是不可能的，对此他们也会理解。

我首先想要感谢弗里德里希·冯·哈耶克（Friedrich von Hayek），他是我丈夫众多著名学生中最杰出的一个，他允许本书刊印他尚未公开发表的一篇演讲稿，那是他在1956年向我丈夫致敬时所写的。

我特别感谢我们的挚友贝尔蒂·费尔蒂希（Berthy Fertig）和拉里·费尔蒂希（Larry Fertig），他们在最近几年的艰难日子里给我建议、帮助和安慰。我也衷心地感谢贝蒂娜·比恩－格里夫斯（Bettina Bien-Greaves），尽管她自己也忙于写一本有关我丈夫的书，但她仍慷慨地提供了我所需要的信息。我也非常感谢鲁斯·I. 马修斯

（Ruth I. Matthews），还有奥托·卡里尔（Otto Kallir）和范妮·卡里尔（Fanny Kallir）夫妇，感谢他们从未间断的兴趣和鼓励。

我还要特别感谢卡尔·T. 普夫洛克（Karl T. Pflock）。作为我在阿灵顿出版社（Arlington House）的编辑，他对我的工作的热情和实用建议，对于我这个"年轻"作者而言意义重大。

尤金·戴维森（Eugene Davidson）对第八章的建议很有启发性，让我特别受用。我也要特别感谢约翰·张伯伦（John Chamberlain），他在阅读本书手稿的部分章节后给了我热情的回应。我同样要感谢汉斯·森霍尔茨（Hans Sennholz），他帮助翻译了书中的德文信件。

格奥尔格·克特尔（George Koether）给我的书做了最初的编辑工作，我要感谢他兑现了"不做任何代笔"的承诺，因为这本书应当是而且实际上也就是我自己的故事。格奥尔格老到的记者经验、极好的语言掌控能力，以及始终如一的鼓励和热情使我获益匪浅。有一次我问他："格奥尔格，你为我做了这么多，我怎么敢当呢？"他回答道："玛吉特，你丈夫去世的时候我对我的妻子说，'我如何才能感谢这个人为我的思想所做的一切呢？'而这就是我的机会。"

目　录

第一章　我的青年时期 / 1
第二章　相遇 / 20
第三章　在日内瓦的日子 / 53
第四章　逃离欧洲 / 89
第五章　新家园 / 100
第六章　在墨西哥的两个月 / 124
第七章　在纽约的日子 / 141
第八章　《人的行为》的故事 / 175
第九章　路的著名研讨班 / 199
第十章　他的工作和影响 / 218
第十一章　我们共度的最后时光 / 276

附录一 / 303
附录二 / 309

第一章 我的青年时期

有的读者可能会问:"为什么作者会拿一整章来写她的青年时期,这本书明明叫'我与米塞斯共度的岁月'①呀?"还有读者会问:"冯·米塞斯教授44岁时遇见了这位女性,45岁向她求婚,直到58岁才和她成婚。这究竟是怎样的一位女性呢?"

我必须坦承,让我谈论自己并非易事。但我觉得要理解路德维希·冯·米塞斯为何在他生命那么晚的时候才决定结婚,就有必要谈谈这一点。而且,了解我自己的生活也许能帮助读者去理解,我们在婚姻中给彼此带来了什么,以及我们的婚姻为何是幸福的。

我出生于汉堡。不仅在当时,直到今天,我也相信汉堡是德国最美丽的城市之一。这座城市精致典雅,但港口的生活却是喧闹的,生机勃勃,五彩斑斓。汉堡是

---

① 本书英文原书名为 *My Years with Ludwig von Mises*。——译者注

三个汉莎同盟城市（汉堡、不来梅和吕贝克）之一，那里的生活与别的德国城市大相径庭。汉堡拥有自己的参议院和司法系统，当地居民素以傲慢和自大著称。他们欣赏英格兰和英格兰人，并在生活习惯和风俗方面加以模仿。绝大多数德国人在中午吃正餐，而汉堡市民则遵从英格兰风俗，选择在上班时间结束、完成了当天工作之后才吃正餐。中午时分，那些富裕的商人和银行家穿上他们的双排扣大礼服，戴上大礼帽，沿着阿尔斯特湖畔走廊走过处女堤（汉堡市最漂亮的街道），去进行证券交易。随后他们回到家中——被公园式花园环绕着的精致房屋，享受金钱，有时也享受天伦之乐。

我并不了解我的外祖父，对外祖母的记忆也不深。我母亲的家庭闻名遐迩，相当富有。关于他们有两个传闻。第一个传闻是，我的外祖父拥有一个磨坊厂，靠厂子发家致富。第二个传闻是，我的外祖父至少有一段时间是汉堡城市剧院的合伙人和管理者，这让我更感兴趣，因为它让我浮想联翩。不过，有一件事我很确定，我的外祖母是一位歌剧迷，她在怀孕晚期的一个晚上，去听了贾科莫·梅耶贝尔（Giacomo Meyerbeer）的《非洲女郎》（*L'Africaine*）。就在当晚，她的三女儿——我的母亲出生了，为了感激这个婴儿的不期而至，外祖母用该剧的女主角给她起名为塞丽卡（Selica）。我不喜欢这个名字，我的母亲却不这么觉得。相反，她为之骄傲，觉得应当将毕生献给音乐事业。

我父亲的家庭住在德国的汉诺威。我父亲与家人不是很亲密，所以对那些亲戚我所知甚少。我敬爱的父亲英年早逝。他极不安分，放荡不羁，但聪明、诙谐又有进取心。我的父母结婚时还很年轻。在我6个月大的时候他们去了美国，父亲在芝加哥学习畸齿矫正学。他原本打算留在美国，但母亲思乡心切。在将近5年之后，他们回到了汉堡，我父亲成了当地最早的一批儿童牙科医生之一。

因此，在学习德语之前我就先学了英语。我母亲对她的孩子寄予厚望（我有个哥哥在第一次世界大战中去世了），为了让我们不遗忘英语，她给我们请了一位英语女家庭教师。结果证明这是她为我们做的最明智的事情之一。我被送往伊丽莎白·歌德·泰科斯特学院（Elisabeth Goethe Textor School），这是汉堡最好的私立学校之一。我爱我的学校，爱读书。我父亲也爱读书。每当晚上父母休息之后，我就去客厅把父亲当天读的书带回卧室，伴着烛光阅读，还把一条毯子放在房门底部遮光。我父母从未发觉这件事。

毕业之后，父亲想让我去学医，我也一直对学医有浓厚的兴趣。那时还没有专门给女孩开设的"高中"。所以父母给我找了一条获得学位的捷径，即参加"教师研讨会"，并在私下里学习拉丁语，我也照做了。

17岁时，我受邀担任一场业余表演的年轻主演，机缘巧合之下，一位记者出席演出并报道了我。这决定了我的未来。从那天起，除了舞台之外，没有什么能让我感兴趣。在毕业考核的一年前，我退出了研讨会，并拒绝复学。我父亲一直是一位狂热的戏剧爱好者，他对席勒、歌德和莎士比亚烂熟于心，而且几乎每周日都去看一场经典剧演出，通常都允许我跟着去。因此他对我的决定并不吃惊。但我母亲强烈反对。那时候，中产家庭将女演员视为迷途的羔羊。然而歌唱家另当别论，歌唱家是无可非议的。但要做女演员——没门！

家庭生活开始让人难以忍受。有一天我在报纸上登了一则广告，得到了一份工作，是给科隆一位银行家的女儿做家教。于是我离开了家。这对我父亲打击很大。时隔不久他就写信要我回家，并且准许我从事自己渴望的职业。

对我而言，头号大事是去拜访卡尔·哈格曼（Carl Hagemann），当时他是汉堡最重要的剧院——德意志剧院

汉堡德意志剧院内景,约1900年。右上人物为剧院第一任经理阿尔弗雷德·冯·伯杰(1900—1910年在任),卡尔·哈格曼为第二任经理(1910—1913年在任)

（Deutsche Schauspielhaus）的导演和总经理。他对我印象很好，接收我当无报酬的学徒演员。我可以参加所有的彩排和表演，还得到允诺，将会有机会出演一些小角色。哈格曼还让我参加剧院正式教员的演说课程。我从早到晚地参加彩排。当时德国和奥地利的所有剧院仍是定目剧院，每一个剧院的年轻男女演员必须在特定时间内学习12~15个会固定出演的主角（我猜想今日很可能仍是如此）。我真挚的热情引起了舞台主管之一路德维希·马克斯（Ludwig Max）的兴趣。他是一个高大迷人、满头白发的长者，也出演一些经典剧目。喜剧演员通常会让人开怀大笑，但他为人相当严肃，而且时常反省。他每周给我授一次课，从未收取过费用，他比任何人都为我后来所取得的成功感到骄傲。他也时常让我来参演他自己编排的作品中的一些小角色。

卡尔·哈格曼是第一个真正影响了我人生的人物。他打开了我的眼界，让我学会欣赏世间之美；他赠送给我有关艺术的书籍；他让我拜访那些给他的作品的思想和色彩以灵感的老画家；他给我展示了音乐与口语之间的紧密关联。后来，在第二次世界大战前不久，他在柏林执导歌剧。

哈格曼每周日上午与我一起工作。我们用了几个月时间研究瑞海儿（Rahel），这是奥地利最受人爱戴的剧作家格里尔帕策（Grillparzer）在《托莱多的犹太女人》（*Juedin von Toledo*）中塑造的角色。后来，每当我登上一个舞台，都会出演这一角色。

哈格曼十分在意两三个年轻女演员的未来。他自己没有成家，常常将我们称为他的孩子。对他而言，我们的事情没有一件是无关紧要的。他甚至试着提升我们的时尚品位。他时常说："如果一位年轻女子天生丽质，那么她并不需要借花哨的衣裳或化妆来提升自己。色彩和品位的协调才是关键。"

哈格曼给我的帮助不止于此。我第一任丈夫去世后不久，我在维也纳改行了，他给我的第二职业指明了道路。哈格曼了解我的教养，也知道我懂英语（他不会说英语）。奥斯卡·王尔德（Oscar Wilde）是他最喜爱的近代作家之一，当时他有意改编王尔德的《温夫人的扇子》（*Lady Windermere's Fan*），因此让我做一个粗略的翻译。对一位年轻而没有经验的女演员来说，这是一个大挑战，但我完成了，我的翻译他应该也是满意的。他做了校对和修改，而且在第一版问世20年后，《温夫人的扇子》出了新译本，哈格曼给我送了一册皮面精装本，并在上面题字："献给格蕾特（格蕾特是我的小名），感谢她既理智又感性的帮助——出版者。"我至今保存着这本书。

奥斯卡·王尔德的《莎乐美》(Salome)是哈格曼最杰出的作品之一,而玛丽亚·奥斯卡(Maria Orsca),一位年轻的波兰女演员,则是他最重要的发现之一。我不知道是如何扯上关系的,但这位年轻女子自称是已故的奥地利籍大法官菲利克斯·法兰克福特(Justice Felix Frankfurter)的侄女。她的眼睛是我见过的最漂亮的,她的手也是我所见过最优雅、最具表现力的。但以她的身高而言,她太胖了。哈格曼想让她出演《莎乐美》的主角,但在她初次登台的三周前,哈格曼跟她说除非她减掉15磅,否则不会让她登台演出。

玛丽亚进行了节食,并在初演当晚大获成功。但这也是她走向完结的开始。后来她吸毒,而且风流韵事不断。一位已婚的著名银行家与玛丽亚坠入爱河,由于无法忍受没有玛丽亚的生活而自杀了。玛丽亚·奥斯卡在我的人生中扮演了重要角色,因为她微恙频发,让我在剧院获得了首个机会。

哈格曼当时正在创作一出新剧——恩斯特·哈特(Ernst Hart)的《古德龙》(Gudrun),要从别的角度来看待古德龙和西格弗里德(Siegfried)的古老传说。起初,我在剧中只扮演一个小角色——古德龙的一位侍女。玛丽亚·奥斯卡扮演主要配角辛特衮特（Sindgund），一个充满激情的年轻女子。一天下午，我的电话铃响了："这里是德意志剧院。奥斯卡病了，你今晚能接过她的戏份吗？""当然，"我说。"提前半小时到这儿来，"那头答道，"我们会给你安排一次简短的彩排。我们要确保你了解角色。"我很顺利地完成了任务。第二天我收到一封剧院的来信和一张50马克的支票。这是我人生中赚到的第一笔钱。我知道，这个世界的大门现在为我敞开了。

哈格曼建议我去一个较小的剧院，那样我就有机会扮演我学过的角色。为此我的经纪人四处寻找机会，让我先和不来梅港的城市剧院（Stadt）签订了一份合同。

不过在那年夏天之前，我就在汉堡仅次于德意志剧院的塔利亚剧院（Thalia Theater）获得了一份与利奥波德·耶斯纳（Leopold Jessner）共事的工作。耶斯纳是当时全欧洲最著名的编导明星之一（另外两人是莱茵哈德和哈格曼）。他是"人民剧院"（以低廉的价格让人们欣赏优秀演员表演一流作品）最初的创始人。在那些与他签约的女演员中，有一位年轻初学者我曾经见过，她是哈格曼所住大楼的主管的女儿。有一天，主管带我坐电梯离开哈格曼的公寓时，请求我去见见他那位想要成为演员的女儿。那个女孩名叫埃米·索涅曼（Emmy

Sonneman），虽然相貌平平，但身材苗条，皮肤白皙而且金发碧眼。她没有让我印象深刻的天资，但我永远记得当时她穿着一件硬挺的白色衬衫和一条蓝色的百褶裙。我们常常相互倾诉，我喜欢她。后来她成了一位知名的演员，而让她更出名的是她在纳粹统治时期嫁给了赫尔曼·戈林，成为"德国第一夫人"。

我在不来梅港度过了接下来的冬天。这是靠近不来梅的一个小港口，哈巴格（Hapag）公司（主营汉堡到美国的航线）的大多数渡洋船停靠在这里，或者是汉堡的库克斯港。

那个冬天我十分忙碌，几乎每晚都要登台。我出演了苔丝狄蒙娜、朱丽叶、《浮士德》中的格雷琴、易卜生的娜拉等角色。我只在这里待了一年就去了吕贝克。吕贝克有一座漂亮的新剧院，室内布景全是樱桃木的，还有一位热心的导演。不过在第二次世界大战期间，这个小宝藏般的剧院化为了灰烬。

后来我从吕贝克被召到了维也纳，在那里和德意志人民剧院（Deutsche Volkstheater）签订了一份满意的合同。当时，该剧院在奥地利是仅次于城堡剧院的大舞台。当吕贝克的民众知道有一位年轻女演员从他们这个外省城市的剧院到维也纳当了主演之后，每逢我的演出，剧院的票都会销售一空。

在维也纳初次登台时，我出演的是格里尔帕策的《托莱多的犹太女人》中的角色瑞海儿。第二次出演的是席勒的《唐·卡洛斯》（*Don Carlos*）中的艾波莉公主（Princess Eboli）。我曾是奥地利舞台上最年轻的艾波莉，我希望这不是人们喜欢我的唯一原因。在那场演出中与我同台的有弗朗茨·考特尼（饰演菲利普亲王），他后来去了好莱坞；还有艾丽卡·冯·瓦格纳（饰演伊丽莎白女王），几年后她和纽约大都会歌剧院的管理人斯特德里结婚了。

我最喜欢的一个角色是托尔斯泰的《活尸》（*Living Corpse*）中的吉卜赛女孩玛莎（Masha），另一个则是易卜生的《群鬼》（*Ghosts*）中的雷吉纳（Regine）。出演这两个角色时与我搭戏的都是莫伊西（Moissi），他是当时最著名的男演员。

1916年，在我初到维也纳的前几周，我遇见了我的第一任丈夫，费迪南德·G.谢雷尼（Ferdinand G. Serény）。他是匈牙利人，比我大很多。他通晓世故，很善于跟女人打交道，再加上颇有才智，又关心我的幸福，这让我爱上了他。我叫他"费里"。1917年2月，我们在布达佩斯秘密成婚。

当时，每个女演员的合同里都有一项条款：禁止在未经导演同意的情况下结婚。我此前从未考虑过结婚，所以在签约时并没有注意这一条。但现在这条结婚禁令在我看来很不得体，因此我没有遵守。我并没有征得导演瓦尔纳（Wallner）的许可，因而只能偷偷地举办婚礼。可是我很快就怀孕了，但还是得继续演出。我的角色几乎都是些纯洁又有魅力的年轻女性，而我必须挺着渐渐隆起的肚子来扮演她们。不过我把肚子里的孩子隐藏得很好，因为没有人发现异常——至少他们什么也没说。

我怀孕 6 个月的时候，剧院放暑假了。我和费里去了温泉小镇卡尔斯巴德（Karlsbad），随后又去了布达佩斯，我的儿子吉多在那里出生。从那一刻开始我变了。我灵魂中好似长出了铠甲，爱对于我来说有了另外一层含义。我体会到了一个母亲对自己孩子的那种神秘的爱，这种爱随婴儿初啼而来，将伴我终生。

吉多出生后不久，我给导演瓦尔纳写信恳请原谅，并请求立即回到剧院。从那时起，我必须照常工作。对我而言，这并不简单。一边是给了我如此多的温暖和幸福的孩子；一边是剧院——这里有我深爱着并且不能、也不愿懈怠的工作。

生活状况也加剧着我内心的斗争。当时是第一次世

1904年，14岁的玛吉特

1919年，29岁的玛吉特

1919年玛吉特是德意志剧院的演员，这张照片被印在当时维也纳出售的明信片上

玛吉特和6个月大的吉多，这张照片是玛吉特两任丈夫的最爱

界大战的最后一年，奥地利的经济十分不景气。面包店、肉店和杂货店前排起了长龙，甚至给婴儿喝的牛奶也成了稀缺品。餐馆越来越多地用"代用品"来招待客人，奥地利人一向热爱美食，对此他们甚是反感。不过在布达佩斯，境况并没有这么凄凉。尽管匈牙利仍是奥匈帝国的一部分，但情况要好很多，因为它是一个农耕国家，牛奶和黄油并不稀缺。

我一直没有一个真正的家。费里没办法和我一起生活，他必须待在他的公寓里，但那里对一个家庭来说太小了。所以我和孩子还有保姆住在布里斯托尔大酒店（Hotel Bristol），我必须自己带孩子。每当我结束彩排或表演回到家中时，保姆和小孩总是在等着我，保姆大声训斥着孩子，小孩则哇哇大哭。即便费里努力工作，还是无望换到更大的公寓。世间不太平，我的内心也不太平。此外，还有让我内心不得安宁的事情。

当季，一项骇人的指控指向了人民剧院的瓦尔纳导演，而我也无意间卷进去了。出于个人原因，某些老演员对瓦尔纳心存不满，控告他对我和其他几个年轻女演员有不道德的行为。他们说，在执导《托莱多的犹太女人》的过程中，瓦尔纳有不雅和不当行为。但该案提交陪审团时，这些老演员并不被允许进行宣誓。而我宣誓了，我声明自己从未对瓦尔纳导演或他的行为感到一丝担忧；无论在彩排期间他说了什么，解释了什么，都是以一个艺术家的热心和热情来完成的，我从未觉得受到冒犯。最终瓦尔纳被无罪释放，但我在人民剧院的处境变得异常艰难——我待不下去了。

我为什么要讲这件事呢？当时我并不认识冯·米塞斯教授，他仍在奥地利军中服役。但我第一任丈夫去世后不久，我和路德维希·冯·米塞斯在维也纳相遇并成了朋友，我告诉了他这件事。让我吃惊的是，后来他告诉我，他去过《新自由报》(*Neue Freie Presse*)的档案馆，查阅了该案的所有记录。他必须让自己确信我所说的是实话。

我没有和剧院续约，报纸上称我辞职是"出于健康原因"。当然，我当时十分健康，而且马上和汉堡的塔利亚剧院签下了一份相当不错的合同。费里请求我留下来，但是我还是太自私，无法舍弃自己的事业。尽管我也知道要离开自己的孩子——至少要分别好一阵子，我还是接下了这份工作。战争结束了，奥匈帝国分崩离析，德国也战败了。跨国旅行现在十分困难，维也纳和汉堡之间甚至没有直达的火车。人们必须在边境换乘，而且整个旅程要29个小时。车厢里没有暖气,也没有列车乘务员，所有车站都没有食物和牛奶。我不能让自己的孩子遭这份罪。在让他过来跟我一起生活之前，我必须先找到合适的住处。于是我离开了。

在汉堡，我所出演的角色与在维也纳时一样，特邀嘉宾也同样是莫伊西。但有一天晚上，剧院惹上了麻烦。莫伊西穿着医生的白大褂，经住院医生的许可，去医院参与了一个小孩的接生，这让学生和妇女对他深感厌恶。当晚演出结束时发生了一阵剧烈的骚动，结果演员们无法登台谢幕，舞台工作人员也不敢升起帷幕。莫伊西再也没有来过汉堡。

我非常幸运地找到了一间带家具的公寓，装修很现代，有暖气，小区周围环境也很好。大约在圣诞节的时候，火车的条件有所改善，费里带着孩子和保姆来了汉堡。费里在我这里待了4个月。他无法在维也纳工作，这让他很烦恼，我也深感内疚。但我仍不准备让步。

他离开后不久，我发现我又怀孕了，费里恳求我在合同到期后就回到维也纳。他终于找到了一间公寓，准备在我们回到维也纳后就入住。

这间公寓相当漂亮，位于一栋大楼的第6层，大楼还有中央暖气，这在当时的奥地利仍是十分奢侈的。透过窗户，穿过那些老旧建筑的屋顶，我们可以眺望圣斯蒂芬大教堂（St. Stephen's Cathedral）。大钟报时的声音时刻萦绕耳边，在周日和假期，钟声也会响起。我喜欢这间公寓。它第一次让我感到自己有了一个家。我终于得到了安宁——至少是片刻的安宁。

我的女儿吉塔出生后，我亲自照顾她。当我发现我们的厨师欺骗我们（将当时稀缺的鸡蛋和食物以高价转卖给别人）时，我解雇了她，开始亲自下厨，当然也料理其他家务。我们常常四处游历，不过都是在奥地利境内，而且无论去哪儿都带着孩子一起。费里是一个出色的父亲，他为自己的家庭感到快乐和骄傲。

1923年夏天，我带着孩子们去了波罗的海的一个游泳胜地——特拉沃明德（Travemünde）。费里一时脱不开身，打算几周后与我们碰头。

当时是德国和奥地利恶性通货膨胀最为严重的一年。我随身带了一个手提箱，装着够花一天的钱。我的丈夫每晚都要给我打钱，因为克朗每天都在贬值。

有一天我接到了费里秘书的电报，让我立即回家——费里病重了。我匆忙赶回家，发现几乎认不出他来了。没过几周，他因为肺肉瘤在家中去世。他生前烟瘾很大。他的主治医师是鲁道夫·斯特里索瓦博士（Dr. Rudolf Strisower）——我未来丈夫冯·米塞斯教授的远房堂兄。

于是 27 岁那年，我第一次成了寡妇，带着两个小孩子，眼看着通货膨胀日益严重。费里给我留下一封遗书，他恳求我和孩子们待在一起，不要再返回舞台。这封遗书的初衷当然是为了孩子们好。但费里并不能预见经济状况所带来的后果：通货膨胀让所有储蓄不断贬值。我记得费里去世几个月后，我在他的钱包里找到了许多奥地利克朗，这种旧币早已被换成了先令。当时克朗兑换先令的许可已经失效，这些钱一文不值了。尽管我们还有一些不动产，但是套现的时机不对。我知道，为了我们的生活，我必须工作赚钱。

那年冬季的一天，德意志人民剧院打来电话。玛丽亚·奥斯卡当晚作为特邀嘉宾出演《托莱多的犹太女人》中的瑞海儿，他们说她的状况糟糕，无法登台演出，于是问我能否接替她。我只能谢绝了他们，费里的遗书一直萦绕在我的心头。我试过很多次，也接到了很多有意思的邀请，但我从未有勇气再次登上舞台。我忘不了那封遗书。

第二章　相遇

1925年秋天，我去记者弗里茨·考夫曼博士（Dr. Fritz Kaufmann）家里赴宴，邂逅了路德维希·冯·米塞斯。考夫曼的岳父是我们挚爱的儿科医生，费里还在世的时候，他通常每周六上午来看望孩子们。（他按年收取费用，像这样和私人医生签订协议，在今天是难以想象的。）就在最近，我发现了路德维希在1943年为弗兰茨·考夫曼手写的一封推荐信："弗兰茨·考夫曼博士是我20多年前在维也纳大学的一名学生。他掌握了广泛的经济学知识，特别是在货币、银行业和财政等问题上造诣颇深。毕业后，他在维也纳和柏林的多家报社和杂志社当记者。他的社论和文章获得了最能干的专家们的高度好评。"

当晚有6位客人，其中一位便是米塞斯。他当时44岁，是一位经济学教授，还拥有维也纳大学的法学学位。但当晚我对他一无所知。让我印象深刻的是他那美丽清澈的蓝眼睛，他总是注视着每一个和他谈话的人，眼神从不旁视。

他两鬓已有些许泛白，黑色的头发整齐地梳到两边，没有一丝凌乱。我喜欢他的手，手指修长，可见他从未做过粗活。他穿着淡雅，定做的黑色礼服和丝质领带相得益彰。他的身姿表明他以前是名军官。

他就坐在我旁边，但谈的主要是经济学话题。我没有多说话。没有办法，毕竟我确实知之甚少。晚宴后，他待在我身边，我们聊了起来——准确地说，是他让我打开了话匣子，然后他聚精会神地听。当我们离开的时候，他提出要送我回家。而在路上，他提议去我家对面的酒吧喝点酒、跳跳舞。不过他跳得不好，所以我更喜欢和他坐着聊天。

第二天，晚宴主人告诉我，他被视为当今奥地利最伟大的人，我着实吓了一跳。他看起来是那么谦逊而单纯，交谈起来那么平易近人。那天他给我送了一束顶级品种的红玫瑰，随后又打来电话，邀请我跟他共进晚餐。

从那天起，我们频繁见面，没过多久就几乎每天都碰面。如果实在没时间见面，他也总会给我打电话。他见了我的孩子们，并努力和他们成为朋友。每次来访，他都给孩子们带一点小礼物，其中主要是他精心挑选的书。有一天，他给我带了一小瓶香水，也是精心挑选的，但完全不合我的口味。

1925 年的米塞斯,与玛吉特初见时的模样

米塞斯送给玛吉特的第一张照片,约摄于 1926 年

很快，我察觉到他爱上了我，但我心中并没有火花。我对他有好感，喜欢他的陪伴，也为他的关心感到荣幸，但我并没有爱上他。过了很久，我才有回应。一件特殊的事让我意识到我在乎他。

维也纳当时处在政治动乱之中。民族主义党派的人谋杀了两个社会主义者，而凶手被无罪释放了。这引起了街头暴乱，司法宫（Palace of Justice）也被烧毁了。米塞斯打电话提醒我说："今天别让孩子们出去，街上不安全。"（我们跟他一样，也住在市中心，离克恩滕大街和格拉本大街只有几步远。）正是这一通电话让我意识到我爱他：他关心我的孩子们！

1926年，他作为奥地利商会（Austrian Chamber of Commerce）的代表第一次去美国。回国后，他第一时间向我求婚了。我无法描述这对我多重要。

从那时起，我总是叫他"路"（Lu），这是他名字的缩写。对我来说，这么称呼温暖又深情，他也觉得相当新鲜。之前肯定没有人用昵称来称呼他。我们到美国交了新朋友后，大家也很快叫他路，我想他是喜欢的。

从美国回来后不久，他得了重病。他犯了阑尾炎，而且阑尾已经感染，没办法做手术。他过了好几周才康复。

他时常谈及他的外祖父，满怀深情地追忆他，尽管在路两岁时，这位祖父抱他的时候把他摔了，导致路的锁骨骨折，很长一段时间里都需要戴着颈托。

路很少谈及他的少年时光。但有一次他告诉我，他7岁开始读报，10岁的时候打算写一部克里米亚战争史。但才写了一页，他就在报纸上发现：一位英国历史学家已经出版了一套10卷本的史书。那本书也就不了了之了。

路很钦佩他的父亲。他父亲是奥地利政府里一位杰出的铁路建筑工程师，46岁时在一次胆囊手术后不幸去世。路很尊敬他父亲，从未忘记他的生日。1941年8月13日，路告诉我："要是我父亲还活着，今天就86岁了。"他肯定十分想念父亲。

早年丧父并不是路所受的唯一打击。在他只有12岁的时候，他最小的弟弟也因为猩红热而夭折了。

路和他的母亲一起生活。我没见过他的母亲，他也很少提及。不过他从未说过她一句坏话。我很快就明白，这种缄默是长期激烈的自我抗争所造成的。他在青年时期一定饱尝辛酸，但是他从来没抱怨过。有段时间他给我写了很多信，我把其中3封翻译成英语，透过它们不难看出路是多么孤独：

我亲爱的甜心格蕾特：

非常非常感谢你的来信。

自星期二以来，对于你和你的爱，我思考了很多。很久以前我就不再憧憬幸福，是你让我重新燃起了希望。亲爱的，你知道我是多么想感谢你吗？

很抱歉，最近几日我每天从早忙到晚，无法带着我的祝福去默德林照顾孩子们。我希望你能帮我转达我对他们的爱和问候。当然，我也有私心：我想要抚摸吉塔的秀发，我想你。

今天就写这么多了。我还要去打包行李，处理很多事情。明天一早我就离开。

我爱你，再多的我也不会说了，而且我相信对你的爱才是最重要的。

千万个吻。

1927年7月29日，于维也纳

我亲爱的格蕾特：

昨晚我到这里未收到你的信，甚至今天也没有，这让我充分意识到自己是多么想念你，我再也不能忍受没有你的日子。现在，我才深切体会到"漫长"一词的含义。此刻我只有一个愿望，一个念想，那就是你。

我有很多不甚美好的经历，又一再地承受巨大的失望。当你的双手温柔地抚摸着我的面颊时，每一个过往的悲伤回忆都烟消云散了。我希望我能在这里亲吻你的双手，握住它们，永不放开。

请给我写信，一遍又一遍地告诉我你爱我，想要给我幸福。这些话我听多少遍都不够。

你在汉堡可曾想过我？我能否战胜对于童年和家庭的追忆？难道缺席的人就真的胜不了吗？我曾向你保证绝不会嫉妒，现在你可以看到我的诺言的价值了，我甚至嫉妒阿尔斯特河！

请不要忘记我，请爱着我。我想亲吻你的唇、你的发。

1927 年 7 月 31 日，于巴特加施泰因

我亲爱的格蕾特：

非常感谢你 8 月 11 日的来信和周日的电报，回来吃晚饭的时候，我都收到了。

我理应受你的责备，但我无力改变事实。我以前告诉过你的。你知道，你应当来改变我，让我成为那个你想要深爱着的人。

这并不简单。我提议：我应当尽快地开始工作，

而你也应当提前动身。比原计划提前两天离开诺德奈，然后提前两天，也就是在 26 日到巴特加施泰因来，怎么样？

当面交谈肯定胜过书信往来。我们必须讨论许多事情。请答应我，比我们原计划的提前两天到。

书信说不尽我对你的感情。如果你对我的了解更深，那么你就可以读出我笨拙的语句背后的真实含义。请不要生气，不要用不写信来惩罚我，请不要在想起我的时候带着愤怒或忿恨。

我相信你，我爱着你。你现在是我的全部。我知道是你让我变得富有而幸福，但我却不知道怎么感谢你。我会努力让自己比现在更配得上你的。

千万个吻。

1927 年 8 月 14 日，于巴特加施泰因

那些了解路的母亲的人告诉我，她是一个聪慧的女人，但有着将军般的态度和钢铁般的意志，极少对他人表露热情和关爱。但我知道她做了很多好事：她是盲人协会的主席，并为此献出了很多时间。

哈耶克教授告诉我，在维也纳参加路的研讨班期间，路有时会邀请他到家中吃午餐或晚餐。长桌总是那么的

干净整洁，路坐在一头，他母亲坐在另一头。"冯·米塞斯夫人从未说过一句话，"哈耶克教授告诉我，"她虽不参与对话，但没人能忽视她的存在。咖啡端上来时，她就慢慢起身离开餐厅。"

她一定是一位与众不同的女人，否则不可能把两个儿子都培养成杰出的学者。据说路的母亲只会对小儿子里夏德表现出些许关爱，这或许能解释为何兄弟俩并不亲密。不过路和我结婚以后，这种情况变了。

1939年，我在日内瓦见到了里夏德，我立即喜欢上了他。他身上有种魅力，说起话来和路一样谦逊。我和路1940年来到美国的时候，里夏德是哈佛大学的航空和数学教授，他立即给路安排了一次讲座。每次他到纽约（有时候一个月来两三次），一定会来看望我们。我最后见到他是在1953年，他从苏黎世过来，不过路正在加利福尼亚办讲座。他的朋友，苏黎世著名的赫尔曼·尼森（Hermann Nissen）教授曾建议他立即去做一个紧急的癌症手术。但他没有听劝，返回美国几周后，就在剑桥去世了。

我一直不明白，路在去日内瓦之前为何一直与他母亲住在一起。这其中没有经济原因。我能找到的唯一解释是，他母亲家里日子很安稳，两位女佣已经服侍他们

米塞斯的父亲和母亲，
19世纪末

（左起）弟弟里夏德、米塞斯、母亲阿黛尔、弟弟卡尔，1893年左右

1901年，米塞斯在帝国与皇家第30野战炮兵团服役

将近20年，因而路来去自如，可以专心工作而不受打扰。路在心里肯定不想和母亲住在一起。

像痛恨荒废时间一样，路也痛恨第一次世界大战，但参战是路不得不履行的义务，他也从未逃避。在战争打响的头一天，他必须去普雷米兹（Premyzl）到他所在的团部报到。他预见到了战争给奥地利和全世界带来的后果，他的生命和工作荒废了近5年，但他从未抱怨。在喀尔巴阡山脉最后的两年里，天寒地冻，每个人都体会到了什么叫真正的艰难困苦。他们甚至时常没有水洗漱。

有段时间，路和他的远房堂兄——斯特里索瓦医生，一名拥有上尉军衔的军医——在山中成了战友。那段时间他们住在一起。在一个严寒的早上，他们透过寒冰覆盖的窗户，看到与他们生活在一起的农妇的10岁女儿站在外面，怀抱着一个一岁左右、一丝不挂的婴儿，直到累到不行的时候才放下。路十分惊恐："这样那个小孩会死的！"斯特里索瓦回答道："不。只要她足够健康，就能活下来。这就是这个国家的现实，只有强壮的人才能逃过一劫。"

让路骄傲的是，他有能力养活自己的士兵们。一个偶然的机会，一位来自奥地利高级酒店的一流厨师加入了路的连队。行军时（当然炊事班也跟着一起），这位厨师能为所有人烘焙著名的维也纳薄煎饼（看起来就像是法式橘子黄油薄卷饼）。他很钦佩路，总是多给路一份以表敬意。但他的食物总不对路的胃口，他抱怨说："中尉吃东西就像分娩期的女人一样挑剔。"为了让路开心，他还养了一匹小马驹。小马驹出生于战役期间，连队所有人都喜爱它，即使他们自己时常没有食物，也不会饿着它。后来有一天，部队把小马驹带走了，因为他们需要肉。对路的士兵而言，那真是糟糕的一天。1917年，路患了伤寒，几个月后被召回了维也纳。他在那里也没有脱下军装，而是服役于军务部的总参谋处，直到战争后期。

在我们相处的最初几年，路对我而言几乎就是一个谜。此前，我从未见过如此谦逊的男人。他了解自己的价值，但从不自吹自擂，深切地觉得没必要把自己的价值天天挂在嘴边，这与我之前见过的所有男人都不同。我从不相信男演员的感情。在我看来，那些每晚谈情说爱、不断向外界传达自己的感受并拿着自己的全部喋喋不休的男人，并没有真正的男子气概。他们唯一真正在乎的是他们自己。我想深深吸引我的，正是路的诚挚感情。这些感情是如此强烈，以至于这个写了几千页关于经济和货币的书籍的人，都找不到词来谈论自己。

在我们结婚前，这份爱应当是他生命中让他非常痛苦的因素——它让人心烦意乱，路知道他可以在阿尔卑斯山脉中的喀尔巴阡山作战，但绝不可能赢得这场与自己的战役。他开始害怕起来。从他遇见我的那一刻起，我就是他唯一想娶的女人。他从未改变过这份感情，他也未曾动摇过自己的决心。我知道，有许多年轻女子爱他爱得痴狂。在他维也纳的私人研讨班上，有一些女性参加者想尽办法引起他的注意。但他在意的是她们的职业规划，她们的理智发展，完全不在意她们的女性身份。

有一次，他责怪我："如果不是你，我就和一个非常富有的女继承人结婚了。""那你为什么不去呢？"我问他，"从此以后我们都可以过得更快活。"他不认同我的轻率，回绝了我的提议。

还有一次，我告诉他："你知道吗，有人跟我透露你以前想要和赖娜·利塞尔博士（他之前研讨班的一位学生）结婚？"他笑了，说道："你真相信这个？你能想象我跟一个经济学家结婚吗？"我确实想象不出来。

他一直希望我能陪伴他左右。他知道我需要给我的孩子们一个父亲，也知道我把自己能给的爱和关怀都给了他们。但孩子们需要的，不仅仅是一位慈爱甚至宠爱他们的母亲。他们的成长需要指引，而我作为一个单身母亲，非常清楚自己并未强大到能给予他们所应得的一切。

路放不下他给自己定的任务,那些堆积如山的工作,还有他想写的著作。他不得不做出一个可怕的抉择:一边是他的工作和作为知识分子的责任,另一边是一生的情爱。在我们订婚后不久,他开始惧怕婚姻,因为婚姻意味着结合,孩子们会让一个宁静的家发生改变,而且婚姻的责任可能会使他从工作中分心。总之,它是一种猛烈波折的关系,一个亚当和夏娃的古老问题。

但我们并不是生活在乐园——远远不是。我们之间相安无事,然而路总是跟自己较劲,结果我也跟着受折磨。我现在深深地爱上了他,这爱不同于以往我拥有的任何一种感觉,我几乎都不认识自己了。在此之前,我总是一味索取,总是被人溺爱。现在,我只想付出、付出、付出——我深切地感觉到,他也需要我。

假期里我基本都跟他在一起。我通常会给孩子们和我母亲在乡间租一套别墅,然后和路去登山。路对其他运动兴趣不大。他也玩网球,常有一个助理教练,但缺乏热情。有一次我看他打球,他只打那些容易回接的球,其他的则不接。我问他:"你为什么不在比赛中加把劲呢?"他回答道:"我为什么要这样?我对球的命运又不感兴趣。"

他是维也纳体育俱乐部（Athletic Club in Vienna）的会员，每周都固定去击剑一次。但登山才是他真正擅长的运动。他去日内瓦之前，偶尔也会滑雪。他在山边长大，又在山中服役了4年之久，而我来自海边。不过他对徒步和登山的热爱感染了我，在山巅并肩而立是我们彼此最亲密的时刻。他受过正规的登山训练。有时烈日当头，我又累又渴，但路不允许我休息，而是让我坚持爬到某个预订地点，甚至是山顶。眼前的壮丽风景和辽阔空间，登山路上我们共同克服的困难，以及我们周围的孤寂（孤寂并不会让人绝望，因为我们在一起），都让我们内心深处感到圆满和幸福。后来他告诉我："自那以后，我才第一次知道你将会是一个多么好的伴侣。"但是，在婚期问题上他仍然没有下定决心。

有时候我连着几周都见不到他，尽管我知道他就在城里。某一天电话至少响了两次，可是当我接起来的时候，电话那头却沉默着，没说一句话。我知道是路，他想听听我的声音。我也知道，如果真想帮助他，那么我就不应当率先行动。我渴望着他，他的沉默却伤害了我，这让我十分痛苦。但我没有打给他。最终——其实也没过多久，他又来见我了，没有多做解释。到这时我知道，如果他自己无法做决定，我只能行动了。因为情况已经变得如此折磨人，我再也无法忍受这种痛苦，而且也要为孩子们考虑。我需要工作，那样能勾起我的兴趣，让我把注意力从自己身上移开。

大约这个时候，乔治·马顿（George Marton），一位向来对我的工作感兴趣的出版商（我给他翻译过一两本书），建议我去伦敦待一阵，这样我能对作者和作家有更深的了解，能给他争取到新的戏剧，也可以开始做职业翻译。我还可以重新拣起英语。我听从了他的建议。

马顿为我准备了所需的推荐信。1929年，我转租了公寓，离开了维也纳。我将吉塔带去汉堡，让她和我母亲一起住，又把吉多留在了维也纳市郊的一位教师家里。这对一个小男孩来说并不轻松，他和我一样遭受着分离之苦。

在伦敦，我独自住在一间阴冷的低档短租房里，这样的居所我过去从未见过。为了省钱，我大多步行去赴约。有一次，我从贝斯沃特一直走到了伦敦塔。天冷的时候，我就去国家美术馆或是博物馆取暖。我不断结识新朋友，被引荐给作家和出版商，这为我和孩子们的未来打下了基础。

但我忘不了路。我没有给他写过信，但是有一天，他作为奥地利商会代表来到了伦敦，来办一个1922年以来奥地利的生产发展的图片说明展览会。这场展览会是路自己申办的,哈耶克作为维也纳的奥地利经济研究所所长,编制了所有表格。路抵达后给我打了电话——一切都没有变。我们知道将来也不会变。

一年后我回到了维也纳,重新和孩子们一起生活,这让我如释重负。在其他方面,一切确实都和过去一样。唯一不同的是,我发现工作和孩子完全填满了我的生活,我很少有空闲时间。每个月我翻译并改编一到两部戏剧。这个工作总是"非常紧迫"——之后,戏剧被搁置,可怜的作者们必须等上数月,有时候是数年,才能看到戏剧上演。

我每部戏剧都和马顿签合同,我们预先给作品定好版税,并规定每次我做完"粗略"翻译就立即付现。我需要一位秘书来协助我。我和孩子们的处境也好多了。在我翻译的戏剧中,有马克斯韦尔·安德森(Maxwell Anderson)的《苏格兰女王玛丽》(*Mary of Scotland*)、范·德鲁滕(Van Druten)的《母系家庭》(*Distaff Side*)和唐纳德·奥格登·斯图尔特(Donald Ogden Stewart)的《振作》(*Rebound*,后来莱因哈特将它搬上了柏林的德意志剧院和维也纳的学院剧场)。1932年,我也给报纸写小故事,故事刊登于《维也纳日报》(*Der Wiener Tag*)。

我的工作完全是我的救星。它能让我照顾孩子们，让我控制自己，让我重拾骄傲——这些年来我和路关系的不确定性挫伤了我的骄傲。或许我应当偶尔拒绝见他。但这又能改变什么呢？我在伦敦的日子足以证明，我无处可逃。我爱他，而且想要跟他生活的渴望又是那么强烈，我再也无法自已。我也清楚地知道，他同样需要我，就像一个快要渴死的人需要喝水。

我不是没有机会再婚。奥斯卡·勒文施泰因（Oscar Loewenstein）爱上我有好几年了，他开朗又优雅，是《新维也纳日报》的所有人和出版商，他兄弟的妻子还是吉塔的教母。还有伦纳德·卡斯泰洛爵士（Sir Leonard Castello），当时的印度首席法官。我们在伦敦相识，一有时间他就来维也纳看我，只等我一句话就去离婚。但我告诉了他实情，他也表示理解，我们成了一生的朋友。我和路结婚后，莱纳德爵士从印度飞去巴黎见了路。他们两人非常理解对方。尽管我也喜欢这些男士，但我什么都不会做。我只能等着，等到路准备好。

路送了他写的《公有制经济》（*Die Gemeinwirtschaft*，后被翻译为《社会主义》）和《货币和信用理论》（*Theorie des Geldes und der Umlaufsmittel*）给我。我尽力去理解书中内容，这对我来说太难了。我以前生活在另一个世界。

我怀着自卑感，用几年时间做了大量的阅读，又流了许多泪，才理解他的教学和著作。即使是他最忠实的学生，也不会像我这样深信企业自由和个人自由的好处。

那几年里，路作为奥地利商会代表去了许多国家。他每次出发前都会来看我，并送给我漂亮的花束；回来之后的第一件事，也是来看我。当年他有一个小迷信，后来他跟我坦白说：他一定要见我，而且必须得成为每年元旦第一个和我在一起的人，因为这样让他确信自己不会在这一年里失去我。

战争过后（甚至战争之前也是），维也纳的住房状况十分糟糕。当时有一条新的法规：任何家庭占有的房间不得多于家中人口数（厨房不算在内）。对于我们这样拥有大公寓的人来说，这意味着我们可能要跟完全不认识的人同住。

对我而言，独自在家生活和工作会特别折磨人。但我很幸运。我的一位朋友在从美国返航的渡轮上碰到了迈拉·芬恩（Myra Finn），她带着11岁的小女儿艾莉丝（Alice）。芬恩夫人刚与奥斯卡·汉默斯坦（Oscar Hammerstein）离婚，她想去旅行，希望在维也纳找一个合适的地方让艾莉丝学习德语。我的朋友推荐了我，于是芬恩夫人给我打了电话，我们彼此都有好感，不久后她离开了维也纳，留下艾莉丝跟我们住了一年多。艾莉丝和吉塔一样大，所以我把她安排进了吉塔的班级。这两个小女孩形影不离，她们的友谊不断加深，一直保持了下来。母亲的离婚曾经让艾莉丝非常痛苦，我投入了全部的爱和关心才让她再次绽放笑容。

艾莉丝去瑞士和母亲生活之后的那个夏天，我把吉塔送到了英格兰肯特的一所寄宿学校，她在那里待了将近8个月。回来之后，她的英语读写能力几乎和她的德语一样流利了。

有一天路告诉我，维也纳最大的银行机构信贷银行（Credit Anstalt）给他提供了一个高管职位，但他回绝了。我问他拒绝的理由，他告诉我一次大崩盘即将到来，他不希望自己的名字与此有任何关联。他更中意于写作和教书。"如果你想要找个富人，"他跟我说，"那么千万别跟我结婚。我对挣钱不感兴趣。我的著作跟钱有关，但我自己肯定不会腰缠万贯。"

我不必告诉他我的想法。当1929年10月纽约股市崩盘时，影响波及全世界。全球大萧条随之而来，世界贸易受到严重影响。1931年5月11日，正如路之前跟我说的，信贷银行破产了。奥地利政府想要挽救该银行，为此向国外寻求帮助。法国允诺给予支持，但所提的条件是不可能兑现的。在最后时刻，英格兰给奥地利国家银行提供了1500万奥地利先令的贷款。但信贷银行还是破产了。这一最新发生的崩盘在整个中欧引起了财政危机和恐慌。

从那时起，维也纳再也不得安宁。希特勒利用德国国内的恐慌、绝望和不安定，来实现自己的邪恶计划。他迅速得逞，在1933年1月当上了德国总理。

随之而来的是，奥地利的反政府运动不断壮大。1933年3月，奥地利总理恩格尔伯特·陶尔斐斯（Engelbert Dollfuss）——他那届政府是由基督教社会主义者（Christian Socialists）和平均地权论者（Agrarians）联合执政——禁止了游行和集会，并限制出版自由。即使这样，肆无忌惮的奥地利纳粹分子竟敢出现在公共场合，在维也纳筹划了一场大暴动。整个城市就像一个堡垒，街头遍布士兵，商铺和学校大门紧闭，没有人敢外出。所有建筑的大门必须在晚上8点关闭，此后就不允许市民上街了。维也纳处于戒严之中，这意味着警察有权向任何不遵从命令的人开枪。

路非常担心我们，每天打三四次电话，让我不要外出。但他自己却不顾一切出门来看我们。我不知道他是怎么挤出时间来做手上的工作的。当时他是商会的全职法律顾问和金融专家,在维也纳大学开设有课程,要负责研讨班,要和来访的当局一起开会和吃午餐,要出差,还要进行大量的阅读和写作,但他总有时间给我。他对我的工作很感兴趣,他不仅读我翻译的每一部戏剧,还总劝我自己也写些东西,并不断给我提供思路。后来,我出席了他在纽约大学的研讨班,每次他都会就论文的题目或思路给学生们提些建议。记得有一次我建议贝蒂娜·比恩(Bettina Bien):"记下这些题目吧,总有一天它们会凑成一本书的。"在维也纳,他给我提了一大堆新想法。有一次,他让我根据安徒生童话写一个电影剧本。时至今日,这些美丽的故事虽然只有一两个被拍成了电影,想必它们能让全世界的孩子们开心吧。

1934年7月上旬,路像往年一样去加施泰因沐浴。他走后不久,纳粹分子暗杀了陶尔斐斯。一群穿着奥地利制服的纳粹分子查封了维也纳的电台,强迫广播员播报他们捏造的陶尔斐斯的辞呈。随后他们闯入总理府枪击陶尔斐斯,并拒绝给他治疗,眼睁睁看着他死去。库尔特·冯·舒施尼格(Kurt von Schuschnigg)随即走马上任,他满怀激情地想要捍卫奥地利的独立。

路热切地关注着德国和奥地利的政治形势。他看着奥地利的领导人被推上了歧路。他知道得势的希特勒将对奥地利构成威胁，也清楚未来会往何处去，只是不知道何时到来。路是一个典型的奥地利人。他热爱祖国、高山、维也纳的城市、漂亮的老宫殿、曲折的街道，还有喷泉，不过这些东西都埋在他灵魂深处，他很少谈起。但我知道他的感受，也知道他有多伤心。

1934 年 8 月，我在提洛尔的费莱藤（Ferleiten）见到了他。我们从那里徒步去登山。1934 年 8 月 23 日，在那个美丽的上午，我们坐巴士到了霍赫迈斯（Hochmais），随后穿过富施隘口（Fuscher Torl），成功登上约有 8000 英尺高的雪绒花峰（Edelweisskopf）。我们在山顶上休息，饱览美景，整个阿尔卑斯山一览无余，四周一片平静、安宁。尽管艳阳高照，我们却并不觉得热，山风吹着很凉快。

风扬起我的紧腰松身裙，裙角扑面，我不得不用双手按住。路看着我手忙脚乱的样子，不禁笑了起来。随后他突然说道："你之前问我，我明明习惯在假期不工作，怎么到了这里都在工作。现在我想告诉你原因。"他告诉我，他 10 月初要离开维也纳，因为威廉·拉帕德（William Rappard）教授来信邀请他加入瑞士日内瓦的高级国际关系学院（l'Institut des hautes études）。他觉得这是一个很好的机遇，因此决定接受职务。

听到他这一番话，我觉得太阳仿佛突然西沉了。我垂着双手，说不出话来。这给我的打击远胜过所有的寒风。我从未想过他会像这样离去。他张开双臂，紧紧抱着我，继续说道："我会常来看你的……给我点时间……相信我，我爱你，我很爱你……像这样陪着我吧……我需要你。"我花了很长时间才镇定下来，感觉眼泪就要夺眶而出了。我并不想哭，我知道他看到我哭也会难过的。

就路而言，这个决定做得异常迅速。他在做重要决定时通常都很慢，我曾经戏称他为"费比乌斯·昆克塔托"①。他在做了决定之后，才有勇气告诉我，他要辞别商会、大学——还有我。不过一如往常，我信任他，他也从未对我撒过谎。那个夏天我们彼此深爱，胜过往日。

离开费莱藤后，我们到哈莱恩去看了萨尔茨船厂（Salzbergwerke）。返回维也纳之前，我们又在萨尔茨堡待了一周，参加了音乐节（Festspiele）。那时候每一天都很特别，我尽量不去想即将到来的事情。

在维也纳，我们每天都见面，直到1934年10月3日那天，他动身去日内瓦。他常给我写信，向我诉说他住的新公寓，交到的朋友，还有在学院的工作。圣诞节

---

① Fabius Cunctator，也译为法比乌斯，古罗马政治家、军事家。"昆克塔托"在今天也有拖延者的意思。——译者注

1934年8月,玛吉特(左三)和米塞斯(右三)一起去萨尔茨堡附近的盐矿山,米塞斯的手搭在玛吉特的肩上

的时候他返回了维也纳,与之前一样,我们大部分时间都待在一块。

时间就这样一点点流逝。他经常来找我,有时是在一周的中间过来,只待一两天。还好我有很多工作要做。知名的奥地利演员库尔特·博伊斯(Curt Bois)取得了马辛安(Massingham)的戏剧《湖泊》(*The Lake*)的版权,他打算自导自演这部剧,并邀请我给他做改编。他对我的工作很满意。马顿也很满意我改编的另一部法文戏剧,该剧改编自萨尔杜(Sardou)的《朵拉》(*Dora*),我给它起名为《外交与爱情》(*Diplomacy and Love*)。维也纳的学院剧场接收了该剧,演出很成功,获得了高度评价,而且业界对译者也大为赞赏——这是最让我开心的。

1937年4月18日,路的母亲去世了。路回来办葬礼,不久就离开了。那个夏天我们仍然在奥地利的群山之中度过,却觉沧海桑田。我们正在爬一座挨着德国边境的山时,看到村民们抬起手臂高呼"希特勒万岁!"过去他们通常会祝福我们"Gruess Gott"(愿主与你同在)。在山顶的餐馆里,德国人和奥地利人不会在同一个房间里用餐。这是一段非常可怕的经历。那个夏天的早些时候,路送给我一个绝妙的生日礼物,令我余生都因之开心。他在维也纳的一所驾校给我报了名,让我上驾驶课程,拿驾照。当时他还跟我说，他已经预订了一辆车。

他和我一起过了那个圣诞节，平安夜他在城里，带我到一家非常棒的餐厅共进晚餐。突然，他越过餐桌，握起我的手，用我几乎听不到的声音温柔地说："我无法再继续下去了，亲爱的，我的生活不能没有你。我们结婚吧。"

最初我以为是在做梦。这一刻我已经等了好久，现在终于来了，我简直不敢相信。我记得餐厅的另一个角落坐着一对夫妇，他们是我的老朋友，而且也认识路。我恨不得冲到他们面前，大声告诉他们这一切。我就像一个期盼着圣诞节的小孩，终于看到圣诞树亮了起来。随后我内心重归平静，几乎感觉不到波澜了。就像往常激动起来时一样，我说不出话来，只是静静地坐在那里，听他说着他的计划。

他将婚礼日期定在来年的 4 月上旬，到时候日内瓦的研究学院会放复活节的假，这样我们就能一起去度假了。2 月的时候他再次回到维也纳，筹划结婚预告——这是奥地利的一个传统风俗，每对打算结婚的人都要将自己的名字和结婚日期在市政大厅的门上公示 6 周。

但随后发生的一切我们都始料未及。路离开后不久，奥地利局势进一步恶化。电话亭里的爆炸，街上暴力示威的纳粹分子,这些都成了家常便饭。舒施尼格与希特勒约定在贝希特斯加登会面,期望能够改善与德国的关系。但是徒劳无功,希特勒甚至不肯听舒施尼格说话,反而不停地咆哮着控诉奥地利和舒施尼格犯了叛国罪。舒施尼格被迫签订了一项协议,这项协议使奥地利在几周后丧失了独立国家地位。为了让每一个奥地利人有机会自己决定是否要归顺德国,舒施尼格在3月9日宣布对3月13日的德奥合并进行全民公投。希特勒惧怕投票结果,派德国军队进入奥地利横加阻挠。

当德军开进维也纳时,我给路发了一份电报:"一切安好,无须归家。"我担心路可能不知道他现在的处境有多么危险。一天晚上,纳粹分子来到维也纳,冲进了路和他母亲住过的公寓,搜掠他的珍贵藏书、著作、文件,以及所有他们觉得重要的东西,然后塞进38个箱子里,用车运走了。更糟糕的是,路还上了苏联的黑名单。路的著作引起纳粹分子、法西斯主义分子等各类左翼人士的憎恶。后来我发现,还有美国的左翼分子。路要返回维也纳已经不可能了。他给我发了一份措辞谨慎的电报,要我和吉塔尽快到日内瓦去。

我小心翼翼地开始了准备工作。我没告诉任何人我要离开,并尽可能地打包我们的财产。离开前,我还要去见在监护法庭上照顾过我的孩子们的法官。我请他尽量放行我们的资金,他答应了。我离开时,他热情地握着我的手说:"我真羡慕你们,可以离开这里。"

我从未担忧过自己和吉塔的安危,我们的匈牙利护照仍能很好地保护我们。但我意识到,如果有人读到我和路的结婚预告(根据奥地利法律,预告需要广而告之),他们可能会更多地关注那些对我和吉塔不利的方面,到时再想离开就困难了。

听起来就像是命运的嘲弄,不久后,就在1938年3月的悲剧事件(德奥合并)前不久,我为德国舞台改编自法语的最后一部戏剧被维也纳的德意志剧院接收。这部剧是德尼·阿米耶尔(Denis Amiel)的《自由》(Liberté),它后来再也没上演过。

我永远不会忘记在维也纳的最后时光。从纳粹进驻维也纳的第一天起,他们就开始了对政敌和犹太人的折磨和拷问。有一天,我路过维也纳最典雅的一条街道格拉本大街,看到年轻人爬到鼠疫柱(一座纪念碑)顶端,监视着清洗大街的犹太人。每当有德国士兵或官员经过时,那些可怜的人就要躲进排水沟里,周围的人群爆发出阵阵喧闹刺耳的嘲笑声。

维也纳的局势每况愈下。在希特勒出现之前,奥地利的纳粹分子从不敢公开响应，但现在却会自豪地展示自己的党章。圣斯蒂芬大教堂挂起了一幅巨大的希特勒像，而伊尼策主教所领导的天主教会则宣誓效忠纳粹。纳粹惧怕奥地利民众的决定，为了阻止针对3月13日德奥合并的全民公投，他们在边境线上屯兵。舒施尼格无力反抗，只能签订了协议。过去曾在维也纳当过律师的赛斯-英夸特（Seyss-Inquart）接管了政府工作。他受纳粹指使给柏林发了一份电报，请求德军"阻止进一步的动乱"。

3月14日，希特勒来到了维也纳。在这个城市，他曾经只是个居住在廉价旅馆里的贫民，靠涂鸦和贩卖明信片谋生。当晚他通过电台做了首次演讲。他的嗓音仍萦绕在我的耳边，至今难忘。那声音狂躁、嘶哑而又粗俗，却有着一种几乎难以抗拒的力量，以及一种如同催眠般的说服力。他的嗓音让我感到害怕，但我坚持听到了最后。

同一天晚上，舒施尼格在一则简短而又动人的广播中最后一次向奥地利人讲话。他声音颤抖，眼含热泪。他说道："今晚，我向所有奥地利人道别，我道别的话语不多，但句句发自我内心深处。愿主保佑奥地利。"

我在维也纳最后拜访的是我和路的一位朋友，魏斯·冯·韦伦施泰因（Weiss von Wellenstein）博士，他是奥地利工业中央协会的秘书长。我初到维也纳,就认识了他和他美丽高雅的妻子。他的妻子几年前去世了,他虽然很失落,但因家里常年有三位女佣打理,倒仍像往常一般安稳。尽管我和路从未在他们家见过面(他们的社交圈子十分大),但冯·韦伦施泰因博士认识我和路。我觉得离开前理应去跟他道个别。当时他十分孤单,因为人们为了避免上街而不再互相拜访。看到我他很开心,他为我们即将到来的婚礼感到高兴。"你就要嫁给奥地利在这个末世造就的最伟大的人了,"他跟我说,"但我猜你并未充分意识到摆在你面前的困难。路德维希·冯·米塞斯难以驾驭,他固执,一旦确信自己是对的就决不会改变自己的想法。他宁可树敌,也不会妥协或背离自己的信念。你的生活不会轻松,我衷心祝你好运。"他并不知道他说的这些我是多么了解——有过之而无不及!

在舒施尼格告别后不久,希姆莱的党卫军和盖世太保来了,一场真正的大屠杀也随之开始。警察和盖世太保大肆抓捕共产主义者、社会民主主义者和自由主义者,把他们关进监狱和警察局严刑拷打,经常折磨致死。舒施尼格也进了监狱,后来被送往集中营,他在那里幸运地遇到了未来的妻子。他从未接受审判。多年以后他来到纽约,见了我们几次。他在美国的学院里教了20年书,现在生活在奥地利的因斯布鲁克。

在这场动乱期间,我和路的联络从未间断。他劝我尽快离开,但这不像我们想的那么简单。过境需要政府的许可。奥地利一直是个官僚主义的国家,但如今横在想要离开的人面前的困难是难以想象的。幸运的是,我设法取得了所有必需的文件。3月26日那天,我和吉塔来到维也纳的西火车站,坐上了开往苏黎世的特快列车,这让我感到前所未有的释然。(我的儿子吉多已经在英国的一所寄宿学校里待了一年。一向爱冒险的他后来去了委内瑞拉的卡拉加斯,并在那里结婚和定居。)

但是惊险的事还没完。警察、盖世太保和党卫军一拨接一拨地到我们的车厢,检查我们的护照和文件。火车驶出车站开始提速后,我才松了一口气。我们自由了!

第三章　在日内瓦的日子

路到苏黎世车站接了我们。无论是结婚前共度的13年间，还是婚后的35年间，我都没见路哭过。当时他哭了，任由泪水从脸上滑落，丝毫不觉得难为情。他拥抱我，亲吻吉塔。他一次次地拥抱我，好像永远不会再放开我。最近几周发生的事，奥地利的悲惨命运，还有他的焦躁，都给他带来了难以忍受的压力，我们的分离和他被迫赋闲更是火上浇油。

在日内瓦，路把我和吉塔安顿在一座舒适的短租房里。就算房子没那么舒服，我们也会感到享受。过去几周的恐怖经历仍在我的脑海中萦绕。尽管并未遭遇什么，但我对身边的危险从未放松过警惕。我们的自由受到了威胁，我不能做想做的事。到处都有特务，他们会监视你，曲解你最单纯的行动，然后告发你。相处多年的老佣人突然间就成了敌人。孩子们被教导去监视自己的父母并告发他们。德国人事先精心策划了一切，自由在几天时间里荡然无存，剩下的只有暴政。

但现在我们重获自由了，我感觉轻松了很多。路带我们去看了他的公寓，认为我应当搬进来同住。家具是顶级的，而且维护得很好。但在我看来，整个公寓就像是百货商店的一个展览品，冰冷而没有人情味。我第一次见到了冰箱——我们在维也纳时没有冰箱，它太让我惊奇了。我喜欢路的那间干净的厨房。但我也有顾虑：公寓太小了，只够一个单身汉生活。我都不知道我的行李能摆到哪里。为了让吉塔好好学习法语，我们很快安排她进入洛桑市的一所法语寄宿学校。吉塔学了8年的法语，最后几年我还聘请了一位有魅力的法国女士，让她在家里跟吉塔和我练习对话。我和路都深知语言的力量，所以我也想让吉塔的法语像她的英语那般流利。

我没有把自己对公寓的想法告诉路，当时他脑子里塞满了事情。他必须取得我们办理结婚证书所需的所有文件。如果我没记错的话，他要备好19份文件，请5个律师，并花上3个月零10天的准备时间，我们才能结婚。

但这3个月是我们仨的幸福时光。路带我参观日内瓦和它秀丽的周边环境。日内瓦可称得上是这世上最漂亮的城市之一。在市内可以眺望日内瓦湖和罗讷河，而且无论在哪儿都可以看到建于12世纪的圣皮埃尔大教堂。

在日内瓦

在苏黎世

20 世纪 30 年代的玛吉特

400年前,加尔文正是在这里传教布道的。日内瓦湖的边上,到处是可供散步的花园和公园,还可以到里面的咖啡馆或糕点屋来一份下午茶。

日内瓦也是我所知的最干净的城市之一。我惊奇地看到,楼栋管理员每天早上都会清洗过道,直到它们像亚麻床单那般洁白光鲜。瑞士人的坦率和实诚也让我感到吃惊。你可以在大街上把婴儿放在摇篮车里几个小时不管,绝不会发生什么意外。在奥地利,有人会偷偷地推走婴儿车,只把孩子留在那里。在美国,依我最近的经历来看,连婴儿都极有可能会被偷走。

每个周日,像所有日内瓦人一样,我们会开车(路有一辆福特车)越过边境去法国。这简单得就像是从纽约市开车去康涅狄格州。尽管在边境处你需要停一下,让海关人员查看一下你的护照和车子,他通常会对你微笑,给你一个手势,随后你就可以过境,到法国享用晚餐了。

与在法国一样,《米其林指南》(*Guide Michelin*)在瑞士也深受重视。即使是我在日内瓦两年间认识的许多博学之人,也会把米其林推荐作为自己周日旅行的重要参考。当这些杰出学者中断或结束严肃的讨论,转而提议和计划下一个周日晚餐的短途旅行时,我都会觉得很有趣,还有种解脱感。

但让我高兴不起来的是,有一天路跟我聊到将来的社交时,告诉我说:"这里是日内瓦,男人谈话的时候,女人必须保持沉默,她们只能倾听。"这让我难以置信。我觉得,在现代文明社会这实在太奇怪了。然而研究所的教授们就是那样的,我真希望现在这种风俗能有所改变。路还给了我一则建议:"不要跟一个经济学家打探他的妻子,他可能已经离婚了。"

一天下午,路带我去买婚戒。他花了很长时间仔细挑选,选中了一枚小而薄的金戒指,看起来波提切利都可能会选它作为最精雕细琢的珠宝的绘图原型。

6月下旬,就在婚礼前不久,我们在湖边的餐厅喝茶时,碰到了汉斯·凯尔森(Hans Kelsen)教授。他是路的好朋友,他们同年出生,一起上的小学,在维也纳学术中学(Academic Gymnasium)当过同学,而且有一段时间在维也纳的同一所大学读书,现在又同在日内瓦的高级国际关系学院教书。汉斯·凯尔森是世界知名的国际法教授,他在1920年参与制定了新版奥地利宪法,于1920—1930年担任奥地利宪法法院的高级法官。他身材瘦小,但比例匀称。他戴着时髦的眼镜,双眼总是闪烁着幽默的光芒。他为人友善,易于攀谈。路向他介绍了我,跟他说了我们的结婚计划,并请他来当婚礼见证人。凯尔森比任何人都惊讶,他甚至说不出话来。"难以置信,"他说,"没人会料到米塞斯(他总是管路叫米塞斯,这显然与他们学生时代的回忆有关)会结婚,大家都觉得他要单身一辈子了。"凯尔森是个有趣的人,我觉得我又认识了一位新朋友。

路终于准备好了婚戒和必需的文件。婚礼定在了7月6日上午11点。婚礼前一天我告诉他,按照风俗,新郎要给新娘送一小束花。我知道他不懂这些。婚礼当天,我收到了我最喜欢的花,一束蓝色和粉色的香豌豆花。

我们的第二证婚人是戈特弗里德·冯·哈伯勒(Gottfried von Haberler)教授,他也来自维也纳,曾是路的学生,当时在国际联盟担任财政专家。哈伯勒教授在路的帮助下获得了他的第一份工作。当时工作十分难找,路给他在维也纳商会里安排了一个职位。

11点差5分的时候,我们进了婚姻登记室。路穿着深色正装,看起来很平静,脸上没有太多表情。我穿着华贵的蓝色套装,是在维也纳为这个场合定制的。我的心跳得很厉害,我想在场的每个人都能听到。就像所有办事处一样,登记室灯色昏暗,氛围压抑,不过让我吃惊的是在这里闻不到消毒水的气味。我的花是这场压抑得让人绝望的典礼上唯一的亮点。11点过5分的时候，所有人都在证书上签了名：我是路德维希·冯·米塞斯夫人了。意识到所有人都围着我们，路规规矩矩地匆匆给了我一个吻。不过他还拉起我的手，坚定而热情地握着，似乎是想告诉我："你知道我的感受。这个吻并不代表什么。"随后每个人都祝贺我们，并吻我的手。

路邀请了一些朋友到贝尔格酒店参加午宴。一切都是精心布置的，这个小型聚会很成功。路一直是一个出色的主持人，他知道大家喜欢什么，也记得大家喜欢的饮品。我也第一次见到他更多关系亲密的同事：威廉·勒普克教授夫妇（Wilhelm Roepke）、哈伯勒一家、凯尔森一家，以及威廉·拉帕德教授夫妇。

在日内瓦结识的人中，我最喜欢拉帕德教授。他跟丘吉尔一样，母亲也是美国人。他的父亲是瑞士人。他能流利地说4种语言，而且不带一点口音。他是一位伟大的思想家和作家，是高级国际关系学院的创始人，也是一个顾家的好男人。他的动作、外貌、走路姿势、谈吐、口才和生活方式，一切都十分优雅。这种优雅是与生俱来的，是上天的馈赠。有就是有，没有就没有，是学不来的。他非常敬佩路，因此时常邀请我们到他远离市中心的家里做客。拉帕德夫人则充满母爱，性格温和，最

1947年4月的第一届朝圣山会议上，（左起）威廉·拉帕德、卡尔·波普尔（后排）、米塞斯

看重家庭的幸福。

结婚后,我搬到了路的住处。几个月前,吉塔被玛若兰纳女子寄宿学校录取了。路二话不说,解决了孩子们在经济上的一应事务。吉塔喜欢她在洛桑的学校,但更希望跟我们待在一起,一有机会就来见我们。

路在1934年初到日内瓦时,从凯尔森家"继承了"管家蒂尼。在我离开维也纳之前,路常跟我聊起她:她的工作是多么出色,以及她又是如何"恐吓"他的。她早上来,下午5点左右走。她有一位完全靠她养活的情人。这位情人一直深藏不露,没人见过他,也没人知道他的名字或职业,但他却是我必须面对的敌人。如果他需要钱了(通常是每个月末),蒂尼就会去招惹路,从进门起就用力摔门,并在路写作时一直用吸尘器。路当时知道蒂尼还会来要钱。路很孤单,而且需要蒂尼来打理家务,所以他一再妥协。没人觉得我在婚后能跟她相安无事,尽管她身上也有优点。她真是服务过我的人中最整洁的一个,而且她的厨艺相当好,这让我不想失去她。

但不久后我发现,她总是跟我们多要一些钱来给自己家里买东西。我很友善地跟她商量,说将来我会帮她买的(毕竟因为我的缘故,她多做了那么多的工作),而且也保证会尽量让她下午早点走,这样她就能有更多自己的家庭生活。她那么瘦弱,也没什么吸引力,我难以想象她跟情人之间的关系,我担心那可能只是一厢情愿。二战期间我们去了纽约,我试着联系她。我想帮她,给她寄了些她可能需要的东西。但她消失了,甚至警察也没能找到她的踪迹。一定是碰到了什么可怕的事情,我现在仍会时常想起她,为她感到惋惜。她陪我们在日内瓦待到了最后,甚至把我们送上了开往法国的大巴。

结婚的当天晚上,我和路第一次在家里用晚餐,当时蒂尼并不在。我们都很开心。从结婚那天起,路整个人都变了。不是说他会拿礼物来讨好我了(他可能永远不知道这样做),而是说他变得深情、开心了。我做的每一件小事都让他感兴趣。对他而言,整个世界都不一样了。有一次他跟我说:"我希望你不会像那些女人一样,一拿到结婚证就撒手不管对方了。"在我们住在一起的第一个月里,每当我们受邀出门,他都会给我挑好当晚的礼服。不过慢慢地,他相信我也能做好,于是让我自己来挑选了。

但有一件事让我一直想不明白,至今也没搞清楚。自从我们结婚后,他就再也没谈论过我们的过去。即使我偶尔提及,他也会马上打断我。就好像他已经把过去装进箱子,束之高阁,还把钥匙给扔了。婚后的35年里,他再也没谈过婚前我们相处的那13年,只字不提。但那些过去是我生命的一部分,把我塑造成了现在的样子,所以我无法忘记。他对过去的缄默仍留在我心中,就像是一个缺少了必要字母的填字游戏,没人能解开它。

路对我倾注了他强烈的爱和关怀。我做任何事他都不会生气或不满,也不会唠叨。直到他生命的最后时光,他也每天都跟我说:"我爱你,亲爱的,噢……我是多么爱你呀。"我感觉在我们结婚后,他才第一次体会到了真正的满足和幸福。我时常问自己:"他为什么会这么爱我呢?"我想答案是我们之间的不同,这些差异吸引了他,让他觉得跟自己互补。我有时跟他开玩笑:"我是你生命里的人情味。"然后他会说:"不仅如此,还有更多原因让我深深地爱着你。其中之一就是你性情稳重,总是情绪积极。对一个家庭氛围阴郁而且还容易发脾气的人来说,这真的很有吸引力。"

路的性情会让人感到诧异和害怕。他偶尔会情绪失控,大发脾气。我都不知道该怎么说。在维也纳的时候,我就对此深有体会。他会突然暴跳如雷,大多是因为一些无关紧要的小事。然后他就会失控,开始大吼大叫或喋喋不休,这让人既意外又难以置信。头几次碰到他这样时,我吓得半死。无论我说什么都只会更加激怒他,我没办法跟他讲道理,只能保持沉默,或者径直走出房间。

后来我逐渐明白，他的怒火并不是针对我的。我只是凑巧在那儿，给了他发泄的机会和渠道。而且我慢慢知道了，那些吓人的行为是他心底失望和不满的信号，表明路很需要关爱。有时我会不能自已，独自流泪。但没过多久，路会跟着我回到房间，或者无论什么地方。他见不得我哭，他抱着我，一遍遍地亲吻我，并开始道歉。我阻止了他。我无法对他生气，我太同情他了。

　　这些现象在我们结婚后少了很多，而且没几年后就彻底消失了。

　　再回首往事，我对此有了不同理解，我相信自己找到了原因。我一遍又一遍地读了路在1940年做的一些笔记。他写了奥地利和卡尔·门格尔（Carl Menger），门格尔早在1910年就预见到，不光是奥地利，甚至全世界都将迎来一场大灾难。路也这么认为，他试图尽自己所能去对抗这场灾难，但最终却发现一切都是徒劳。就像二十世纪二三十年代欧洲的那些仁人志士一样，路也绝望了。他知道，如果背弃了资本主义和自由主义（就该词本义而言），世界将会走向战争和毁灭，文明也将随之终结。这场可怕的斗争反对堕落，反对自由和自由市场的敌人——它们违背了门格尔精神。这场斗争给路的良师益友马克斯·韦伯（Max Weber）的一生投下了深深的阴影，并让路的朋友和搭档威廉·罗森伯格（Wilhelm Rosenberg）失去了生命力和活下去的意愿。

他们为这个世界而战，尽管这个世界并不想得到帮助。很少有人意识到危险，准备跟路并肩战斗的人更是寥寥无几。就像是在一条即将沉没的船上，人们只顾着纵情歌舞，浑然不知末日将至。路意识到了危险，也知道怎么救同行的乘客。他试图把他们带到正确的出口，却没人跟随他。而现在，厄运来到了门前。

我们到美国后，路见识了这个国家的伟大，并对它的未来充满信心。他希望美国能抵抗诸如各类左翼人士和通货膨胀论者的侵袭。他一直在警告，最危险的是通货膨胀。他重新燃起了希望。前述的那些行为都没有了，路的灵魂不再被绝望所遮蔽，他又满怀新希望，精力充沛地在这个国家开始工作了。不过，他会如何看待当今的情形，这是我所不敢想的。

听起来可能会让人吃惊，路比我更快适应了婚后生活。对我而言，这个转变太大了。我生活在另一个国家，这里完全不同于我在维也纳的朋友圈。我必须打理一间小到住不下一对夫妇的公寓。不过路从不嫌弃空间不够，他有自己的工作室，自己的书和书桌。从一开始，他的房间对我而言就是一个圣殿，是既不能也不应改变的。

让我为难的是，我意识到如果想让路开心，我必须完全改变我的生活模式。这意味着我必须让他的生活成为我的生活。我应当把他的工作看得比自己的任何事都更重要，而且我必须把这一点牢记于心，这样我们的婚姻才能如他希望的那般成功。

我们在日内瓦一直待到了8月份，我也逐渐熟悉了路的朋友和同事。我跟勒普克夫人走得很近，她会毫无保留地给我提供建议。我们时常去见勒普克夫妇。勒普克教授勇敢地公开反对纳粹，他非常清楚只要纳粹仍在掌权，他就无法再回到德国——当然，他也不想回。

勒普克夫妇有一对双胞胎女儿，两位少女非常漂亮，总喜欢骑着自行车四处转悠，甚至会骑车越过国境去法国给她们母亲买东西。我此前从未见过这么多自行车。午餐时间，人们从公司、商店和学校回家，他们成群结队骑着自行车跨过大桥，绕着湖边骑行。情人间也经常一起骑车，男孩会把手搭在女孩肩上，这对开车的人来说是很危险的。比起纽约上下班高峰期，在日内瓦开车要危险得多。

除了拉帕德、凯尔森和勒普克等教授，还有其他知名学者在学院教书，例如学院主管保罗·芒图（Paul Mantoux）教授，他的儿子艾蒂安（Etienne）深受路的喜爱；还有路易·博丹（Louis Baudin）、古列尔摩·费雷罗（Guglielmo Ferrero）和皮特曼·波特（Pitman Potter）等教授。对我这个新来而且完全陌生的人来说，这些学者大多如同古希腊神话中的诸神，冷漠、疏远而又让人琢磨不透。不过回想起来，我确信我完全错了。我看待他们的方式，就跟那些完全不了解路的学生看待路一样，只是充满了敬畏。我错了，因为他们就像普通人一样，也都体会过苦难和失望。

费雷罗教授是著名的历史学家和作家，他个子很高，留着一小撮山羊胡子，总是穿着合身的深灰色或黑色西装。在墨索里尼掌权后，他不仅失去了自己的国家，还失去了唯一的儿子。他和妻子从此再也没有了笑容。

还有莫里斯·布尔坎（Maurice Bourquin）教授，他是日内瓦大学国际法学系的主任，在学院教授外交史。大家都知道他在夫妻关系上碰到了问题，但在他和他漂亮优雅的妻子重归于好之前，大家都不知道他们之前偷偷分开过。

在结婚的两周后，我们邀请路的暑期班学生来家里喝茶。他们中有很多是年轻的美国人，我记得其中一个是克里斯多夫·莫利（Christopher Morley）的侄女。那是一个快乐的下午，温热的夏日微风穿过敞开的窗户吹进了屋里。天色渐晚，华灯初上，大家还都陪着我们。不过有邻居打电话过来抱怨我们太吵闹了。在公寓独居的4年里，冯·米塞斯教授还从未出现过这种情况。我被逗乐了，但也知道将来我需要注意点了。

尽管聚会很开心，但日内瓦的整个气氛却变得更加压抑了。我们每晚都会通过电台关注德国的政治局势。奥地利已经被吞并，希特勒毫不掩饰自己对捷克斯洛伐克的野心。我从世界各地的人们那里收到来信，他们请求我给他们在奥地利和德国的亲戚好友寄点茶叶、咖啡或是巧克力。有时我们还会寄煮熟的鸡蛋。我们尽自己所能地提供帮助。我们的起居室就像是一间红十字会的小办公室，我总是在写信、打包和运送东西。

8月我们去度假了，先是去了法国的普隆比埃，那是一个漂亮的夏日度假胜地，当时吉塔也和我们在一起；随后我们途经南锡去了巴黎，路要在那里出席一个会议。一路上都是路在开车，不过我必须坦言，尽管我深爱着他而且钦佩他的天才，但他开车从未让我安心过。他并不是个好司机。他开车时精神总是高度紧张，想跟他说话是不可能的。他双唇紧闭，好像要去挑战一个最危险的障碍一般。而且车流量过多也会让他紧张兮兮。不过他从不肯坦率承认自己有困难，即使知道我也有驾照，

1950 年的玛吉特

米塞斯和玛吉特开车兜风，1950 年

也不会让我来开车。不管你相信与否,路很喜欢驾驶,我也不想剥夺他的这一乐趣,尽管有时我们真的会陷入危险之中。我记得有一次,在一条通往山顶的崎岖而又狭窄的小路上,车子的一半突然悬空在了悬崖边上,只有后半部分还在地上。我们战战兢兢下了车,在其他人的帮助下才把车子拖回道路上。我们继续向前行驶,路对刚才陷入的危险只字不提,我也没说一个字。

车子开进法国后一切正常。到了巴黎后,为了避免交通拥堵,路把车子停在了市郊。在那里我第一次遇见了露西·弗里德曼(Lucy Friedmann)博士,她过去在维也纳是一位法语教授,后来跟我成了挚友。3年后她嫁给了路易·鲁吉耶(Louis Rougier)教授,一位品格高尚的杰出学者,也是路最亲密的朋友之一。露西是我所认识的女性中最有女人味的一个,她有一双湛蓝的眼睛,脸上总是带着少女般古灵精怪的表情。我之前在日内瓦见过鲁吉耶教授,并"静静地"听着他跟路谈论本雅明·贡斯当(Benjamin Constant),以及他写的有关贡斯当的著作。

比起维也纳,露西更熟悉巴黎,于是路拜托她帮我们在一家好酒店预订房间。但她预订的房间大大出乎了我的预料:它有一个"卫生间",但这个卫生间不是一个有墙有门的真正房间,只有被一堵很薄的隔墙隔开的浴盆和马桶,而且甚至没有天花板。这可是我们在巴黎的蜜月公寓啊!更糟的是那些床,我都不敢不穿衣服就直接躺在上面。在熬过了无眠的一晚后,第二天早上9点我们就换到了蒙西尼酒店,在那里我们感觉舒服多了。对于自己为何推荐了别的酒店,露西的解释是,"那里的视野跟皇宫一样,当天竺葵浮现在眼前,你仿佛置身于生动的历史之中"。但就当时而言,路对一个干净、舒适的床和一个真正的卫生间的渴望,胜过了他对历史的兴趣。

鲁吉耶教授把巴黎的会议安排在了1938年8月26日—30日,会议主题是讨论沃尔特·李普曼的《美好社会》(*The Good Society*),该书当时刚在法国以《自由国家》(*La Cité Libre*)为名出版,李普曼试图在书中指出曼彻斯特学派(Manchester School)的不足。会议的主要目标是要表明,在完全没有阻碍的情况下,自由市场经济将会很好地满足当今世界的需要。会议的一大成果是成立了"复兴自由主义国际中心"(le Centre international pour la renovation du liberalism),但由于战争打响,该中心在1940年被迫关闭。

许多经济学家和记者出席了会议。在那里我第一次见到了沃尔特·李普曼,他后来提出的观点路并不赞同。

我也第一次见到了 F. A. 冯·哈耶克教授，他当时已经很出名了，任教于伦敦经济学院。

1927年1月，路在维也纳建立了奥地利商业研究所（Das Oesterreichische Konjunkturinstitut），这不光是因为他觉得这样的研究所对奥地利是绝对必需的，而且据路的秘书沃尔夫 – 蒂伯格（Wolf-Thieberger）夫人说，这也是"因为他要帮哈耶克正确地开启他的职业生涯"。路一直关注着哈耶克，而哈耶克对路的关怀和尊敬也一直让我觉得很暖心。

比起奥地利学派中其他跟路学习过的人，哈耶克的观点和著作更忠实于路的教导。时光流逝，哈耶克和路渐成挚友，这是二人坚守共同的信念所带来的必然结果。后来，在1962年，哈耶克要离开芝加哥大学去德国的弗莱堡大学，路受邀到芝加哥参加为哈耶克举办的宴会。路当时不能出席，但他发去了一份书面讲稿，我想这不仅让哈耶克倍感荣耀，而且也使路的质朴和谦逊赢得了赞誉。但哈耶克教授告诉我这篇讲稿从未被宣读过，甚至没有交到他手上。我很好奇这是为什么呢？在书末的附录一里，读者可以找到这篇讲稿。

9月份我们返回了日内瓦，当时路的研讨班已经开始了。他只在每周六早上9点到11点讲两小时的课，剩下

1936年的商业周期研究所（商业研究所）国际会议，米塞斯手拿香烟坐在最中间

的时间就忙于写作。那时他仍有熬夜工作的习惯，而且时常会熬到凌晨 1 点钟。他上床时会特别小心翼翼，以免吵醒了我，但我总能听到他的动静。1938 年，他不仅在写《国民经济学》(*Nationaloekonomie*)——这本德语著作为他后来的不朽著作《人的行为》(*Human Action*)奠定了基础，而且还在校对《公有制经济》一书的法语版。他仍以德语写作，但是用英语和法语授课。他所有著作都先手写速记下来，不过他在研究所里的秘书效率很高，得益于此，他大量的通信和手稿副本能在办公室里得到很好的处理。

从一开始，路就给我看他写的东西，但我觉得自己太缺乏经济学的相关知识，因而不敢提什么建议。不过记得有那么一次，我给出了一点评论，这点评论一定给了路一些影响。当时我看了他关于自由企业和自由市场的观点，然后告诉他，我觉得自由市场最重要的一点是它能够帮助穷人。他们可以获得更多的消费品，而且能比在计划经济体制下谋得更好的生活，因此应当多强调这一优点，并尽可能地写清楚。路看着我，想了好一会儿，然后说："我想你是对的。"当然，我也不能肯定这对他有多大影响。

尽管在工作上帮不了路什么，但我自己一直很忙碌。

我参加了大学的法国文学课程,要做很多的课程阅读,还要接待很多宾客。我们每周至少两次邀请宾客来参加晚宴或午宴(在日内瓦,午宴更为流行)。但这对我而言没什么难的,当时我们有一个厨师和一个晚宴室,我只需要准备好菜单,买些东西,摆好餐具和花。由于许多外交官和记者加入了我们的圈子,这些聚会真可谓是国际性的,有时讨论会用到三四种语言。后来流亡的奥地利大使冯·普夫吕格男爵(Baron von Pfluegl),常常是我们的座上宾,路很喜欢跟他交谈,但谈话结果总让他感到沮丧。

1939年5月,路去了巴黎几天(我没有随行),在高等研究应用学院(École pratique des hautes études)做了一个关于"货币的非中立性"的讲座。7月上旬,路又在学生会的世界事务研究会上开了一个讲座,讨论经济的自给自足问题。

当时我们仍能外出旅行。如果是短途的,我们常选择去法国。对我而言,跟路一起旅行就像在上一堂历史和艺术的私教课程。路的求知欲十分强烈:但凡是他之前不知道的,他都会加以钻研。但他从不求助于"旅行指南"或"福多旅游丛书",里面的东西都是他知道的。他唯一参考过的是《米其林指南》,因为他特别喜欢法国菜。

周日的时候,如果在日内瓦,我们时常会去爬萨莱沃山(Mount Salève),它被视为日内瓦的门户。上山可步行,可开车,也可坐索道缆车。从山顶望去,远处的阿尔卑斯山脉和侏罗山脉的怡人景色尽收眼底。整个旅途步行只需 3 个小时,你可以很轻松地在午餐或晚餐的时候回到家中。

路的研讨班在早上 9 点开始,他总是很守时,因此我们不得不在每周六的早上六点半就起床。他剃须、洗漱和穿衣要花一个半小时。他时常说:"剃须时我脑子里会蹦出好点子来,所以这时候我也没落下写作。"我也很守时,而且现在仍如此。一个人一旦登上过舞台,那么守时就融入了他的血液之中。而且,嫁给路之后我的时间观念更强了。无论做什么,也无论去哪儿,路总会比约定时间早一些做好准备。我对在维也纳时我们相约去吃晚餐的事情记忆犹新。我们约定好的碰头地点是因埃森交易所(Stock-im-Eisen),这是格拉本大街与克恩滕大街转角的一处地标性建筑,离我家只有两分钟的路程。我偶尔会比他早到一点,然后躲起来观察他。路会不耐烦地四处张望,在街道两边来回踱步,看看另一边,又低头看看手表,然后摆弄一下自己的领带。但当我出现时他会突然间完全镇定下来,没有任何动作表露出他此前的不耐烦。不过他确实不喜欢等待!

在日内瓦,如果我们要外出吃晚餐,路总是在我才开始做准备的时候就在等我了。有一次他告诉我,伟大的经济学家庞巴维克(Boehm-Bawerk)曾对他的学生说:"年轻人,你们总有一天会结婚的,也早晚得等你妻子。这时候记得手里带着一本书,这样你就能读很多东西了。"

在日内瓦我们也时常去剧院,尽管我觉得当地的戏剧水准并不是很高。但一个巴黎的知名团队偶尔会来,他们的表演真的十分精彩。每次我们去剧院或歌剧院,幕布一拉开,路就立刻变得全神贯注了起来,就像是他和舞台之间有一种直接的交流。他戴上眼镜之后,眼里除了舞台再也没有其他东西,我得说他甚至忘记了我的存在。对所有演员和歌手来说,他一定是那种理想的"梦中观众"。

这种他在阅读和写作时也会表现出来的巨大专注力,也能解释他为何记忆力惊人,而且为何身体总是那么健康。就像他在工作时十分专注一样,他睡觉时也睡得很沉。无论是在汽车或飞机上还是在自己的床上,无论是在夜晚还是白天,当路想要休息的时候,他只要躺下来,拿一片手巾遮住眼睛,整个世界顿时消失了——他睡着了。在我看来,路随时随地都能睡着的能力,是他身体健康和精神产出惊人的原因之一。

我们在日内瓦的生活仍不免受政治影响。1939年8月,苏德签订了互不侵犯条约;1939年8月31日的晚上,希特勒向德国人发表了所谓的和平演说,声称他给波兰的所有和平建议都被回绝了。我们在电台里收听到了这些,激愤不已。我们知道希特勒在撒谎,在他发表演说的同时,那些身穿波兰军装、忠诚可靠的党卫军士兵正在炸毁波兰的德语电台,德军大炮就要越过德波边境。(让德国士兵穿上外国军服是他们常用的花招。)希特勒的轰炸机飞向了波兰机场,把那些还没起飞的波兰飞机全都炸毁了。德军以难以置信的速度入侵波兰,没过几小时,波兰就战败了。

西方列国清楚地意识到接下来就要轮到他们。于是在9月3日,张伯伦向英国议会报告,英国将联合法国对德国宣战,这意味着史上最可怕的战争开始了。而在我看来,这也是路那无止境的恐惧的开端。

瑞士立即做好了最坏的打算。瑞士民众都爱好和平,3个世纪以来,他们与3个邻国和睦共处,而且3种语言和3种宗教彼此也都相安无事。瑞士拥有一支装备精良的小规模现代化军队,是一种常备民兵组织。民众每年都要服一次兵役,他们热爱和平并痛恨侵略。

瑞士政府率先采取的一个措施是征用所有国外产的汽车。路是最早收到命令的人之一,他为此贡献出了自己深爱的福特车,再也没有见过它,而瑞士政府仅仅支付了很小的一笔赔偿金。不过整体来看,汽车投资行业损失惨重。

日内瓦的氛围完全变了。被占领国的难民每天都涌入这里,酒店和公寓都爆满了,街道和咖啡馆也人满为患。但一起来的还有希特勒的特务。过去安静平和的氛围现在充斥着流言蜚语,恐惧感回荡在每个人的心头。我们不得不取消了去法国的周日旅行,而且还得避免去餐馆用餐,或是到湖边花园去享用下午茶,毕竟谁也不知道会不会隔墙有耳。朋友间的碰面都改到了私人场所,早在1939年9月,这些房子就装上了百叶窗,不让一丝光线从窗户里透出来。

日内瓦逐渐成了知名人士的避难天堂,这其中有很多德国和奥地利的作家。罗伯特·穆齐尔(Robert Musil)就是其中一位,他时常来看我们。尽管出生在奥地利,这位小说家却更喜欢在柏林生活,不过由于通货膨胀严重,他从柏林搬到了维也纳。而当1938年纳粹入侵时,他只好再次移居国外。1942年,他在日内瓦逝世,死时赤贫如洗。罗达-罗达(Rhoda-Rhoda)是另一位常与我们来往的避难作家。他原本是一名德国军官，以政治讽刺诗和诙谐的短篇小说闻名，以前在德国的杂志《西木》（*Simplizissimus*）和《青年》（*Jugend*）上发表作品。人们总能看到他穿着一件红背心。他写的故事让全欧洲的人笑得更欢了，也让德国更加害怕，他的作品在德国境内被列为禁书。

还有一位常客是海赖娜·利塞尔（Helene Lieser）博士（即"赖娜"）。无需邀请，她兴致来了就会过来，兴尽便去。她在维也纳出生和接受教育，是路在维也纳的研讨班上最有天赋的学生之一。她天赋异禀，想法实际，而且效率很高。希特勒进入维也纳后，她发现难以逃离，于是嫁给了一个她几乎一无所知的男人。这样的婚姻很常见，而且总是有名无实。男方通过这种婚姻索要高价，提供自己的名分，让女方有机会逃离奥地利，而一旦"妻子"安全逃脱，他就会立即离婚。

我见到赖娜的时候，她已经不再年轻。她年轻的时候一定面容姣好，但我见到她的时候，岁月和环境已经极大地改变了她。她从未穿戴整洁过，要么衬衣上少一颗扣子，要么拉链是坏的，或者内衣会透出来。对她来说这些东西已经不再重要了，她最大的兴趣是去帮助别人。她跟很多人通信，他们总是寻求她的帮助，而她也从未推脱过。很多年里她都在巴黎的国际经济协会（International Economic Association）当秘书。她在1962年死于癌症。

尽管纳粹的威胁与日俱增，路却比以往更加勤奋地工作。他喜欢日内瓦，在这里教书很自由，他喜欢拉帕德在学院里营造的良好氛围，还有和其他教授之间稳定友好的关系。当时他并未对未来感到担忧，他相信法国会参战，会抵挡住德国的进攻。路认为希特勒的战败只是时间问题，他从不相信所谓的"千年帝国"。路总能正确预判政治经济形势，对法兰西精神和法国战斗力的估计是我所知的他仅有的政治误判。

他对法国抱以信任是错误的。马其诺防线的建造从1930年一直持续到1935年，法国人曾以为它固若金汤。但这一防线的建造有许多重大失误，其中之一就是防线只建到比利时边境上，因此要进入比利时是畅通无阻的；其二是太多士兵只是躲在防线后面消极防守，在防线外的正面战斗一直兵力不足。希特勒从一开始就抓住了这一致命弱点。在征服波兰后，希特勒曾下令任何时候都不得开启西线作战，他宣称："只有在最后只剩下法国和英国的时候才会进攻西线。"整个冬天下来，西线处于一种不战不和的状况，几乎没有什么战争行动，也没发生过战役。这种状况极大地削弱了法国军队的斗志,而法国的懈怠情绪也传染给了瑞士。

1939年10月或者11月的一个晚上(具体时间我忘了),当所有日内瓦市民还在沉睡的时候,一场骚动突然吵醒了所有人。刺耳的警报声响起来,消防车也在鸣笛。我们冲到窗前,小心翼翼地掀开窗帘一角,看到暗夜的天空被探照灯划破。不一会儿,瑞士的空军中队也飞上了天空。

到底发生了什么呢?英国皇家空军显然犯了一个明显的地理错误,他们本打算轰炸希特勒从巴伐利亚撤回的部队,却错把日内瓦湖当成了贝希特斯加登边上的国王湖。我很怀疑根本不会有历史书记载这个错误。

12月9日那个寒冷而凄凉的冬日,街上落满了雪。路去主持研讨班,而我得外出办点事。我回来后照常去工作室跟他打招呼,当时路只是静静地坐在书桌边,没有像往常那样过来吻我。我看着他,很快察觉到有些不对劲。他脸色苍白,只是坐在那里,既没读书也没在写东西。我问他:"亲爱的,你怎么了?"他告诉我,早上去学院的路上,他在结冰的路面上滑倒摔伤了。"伤了哪里?"我问他。他给我看了右手,关节肿得相当厉害。我问他:"你去看医生了吗?""没有,"他答道,"我去了学院讲课，并定好之后讨论的方向，没时间去看医生。"我很震惊。看着他肿起来的手，我觉得他一定疼得厉害。我担心他骨折了，于是叫了一辆的士，带他去医院。X光检查确诊他骨折了，在后来将近6周的时间里他的手臂上都打着石膏。但他从未抱怨过，还是继续工作。

当时希特勒已经定好了攻打西线的时间，当然我们都还蒙在鼓里，只感觉到局势越来越紧张。1940年4月9日，希特勒入侵挪威，德军在当天长驱直入，没有遭遇一丝抵抗。英国人想通过空袭来支援挪威，但他们在9月15日才动手，而一切都已经太晚了，于事无补。对此，丘吉尔在后来说："太微不足道，而且太晚了！"

日内瓦的局势也日益紧张。哈伯勒一家已经去了美国，凯尔森教授也计划动身前往。本身就是美国公民的波特教授不久前刚经历丧妻之痛（他的妻子也是我的朋友），他已经接受了华盛顿的布鲁克林研究所给他提供的新职位。

希特勒在1940年5月10日入侵了荷兰，这让我害怕了起来。我必须跟路好好谈一谈。路不想离开日内瓦，因为他在日内瓦过得比以往都开心，而且他也没觉得有什么好怕的。我让他好好想想当初纳粹入侵维也纳的那一晚，告诉他纳粹绝不会把他移出黑名单的。我恳求他走，就算他不考虑自己，也得为我好好想想。但直到德军突破了马其诺防线并在 6 月 14 日占领了巴黎，将纳粹的万字旗挂上了埃菲尔铁塔，路才终于意识到了危险。他最终妥协了，并保证在做好必要准备后我们就动身去美国。

当然，路并不情愿离开，这不仅是因为他热爱学院里的工作，还因为他担忧美国这个年轻人的家园和乐园会怎样接纳他这个将近 60 岁的老男人。他也担心语言上的差异。当时他的法语要比英语好很多，他在学术中学学了至少 6 年的法语，说起法语来已经非常流利，而且几乎不带口音了。他起初是通过阅读来学习英语的，他一直强调这个方法是错误的，并时常开玩笑说："如果你不像一个孩子那样来学习一门外语，那么到后来你只能跟一本让人昏昏欲睡的字典来学习它了。"

语言上的转变给他带来的挑战要比一般人更大，因为语言是他最重要的工具，是他传达自己思想的必要手段，也是他赚钱谋生的方法。但我不担心，我相信他是坚不可摧的。我很确定，像他这样成就如此之高的人是既不会被压制住，也不会被忽视的。

在德军开进法国后，法国与瑞士的所有联络渠道都中断了。从 6 月 11 日起，汽车、火车和飞机全都停运，巴士不再运营，信件和电报也过不来了。这让我十分担心，我知道我们得不到吉塔的消息了，也没办法通过自己的签证把她带到这里来。她只能待在贝桑松了——几个月前我们把她送到了那里的大学。在那里虽有朋友相伴，但她毕竟还那么年轻，现在得全靠自己了。

我了解路的性情，因而对他的担忧要更多。他如何才能经受住去美国的漫漫旅途、未来的不确定性，以及必将到来的动荡呢？

6月21日，法国按照希特勒的要求签署了停战协议；而在1918年，也是在这同一列火车的车厢里，德国人曾被迫签下停战协议，并满足了福煦将军（General Foch）所提的要求。这项协议曾让德国人受到了极大的屈辱，并激起了他们的仇恨。路与他的一位朋友本杰明·安德森教授（Benjamin Anderson）取得了联系，他当时是纽约大通银行（Chase Bank）的首席经济学家。安德森教授迅速采取了必要行动，为我们取得了非配额签证，让我们可以立即进入美国。路把自己的藏书打包好，连同其他我们打算带走的东西一起，准备走海路运输。我们每天都跑到不同的机构询问可否离开以及何时能够离开。但瑞士被德军包围了，没人走得了。航空公司和巴士机构都向我们保证，一旦恢复运营，会给我们预留座位。我们只能想方设法取得所有必需的签证——西班牙的、葡萄牙的，以及法国的。

航运公司传来的消息也好不到哪儿去，这让人身心疲惫。勒普克一家也在考虑是否要离开。为了获得美国签证，勒普克甚至还跟路一起跑到了苏黎世的美国领事馆。但为了3个小孩，勒普克一家最终留了下来。不确定性和紧张感与日俱增，我们想办法弄到了从里斯本出发的美国特快航运公司的票，但也无济于事，他们能做的只是把我们的名字加到等候名单上。

6月18日，路接到了罗伯特·卡尔金斯（Robert Calkins）教务长的电话："希望你能接受加利福尼亚大学讲师和助理研究员的职位，时间是从7月到12月。"路对这一职位并不满意，但它至少意味着一种可能性——可以离开这里了。

几天后，波特教授收到一封信，寄件时间是1940年6月18日，寄信人是加利福尼亚大学经济学教授E. F. 彭罗斯（E. F. Penrose）。信中说："他（米塞斯）已经接受了美国的非配额移民，本大学和其他大学都急切地等候着他的到来和任职。我希望在当前欧洲不安定的局势下，他前来美国不会受到任何阻拦或干涉。他受到的任何干涉都会为美国所知，而且任何阻止他（作为已被接收的移民）前往美国的个人和国家，都肯定会激起美国舆论的强烈反对。"

7月1日我们得知：仍无航班。因为还没有途经法国所需的签证，7月2日我们和波特教授一同去了法国领事馆，但再次被拒。又过了一天，达吕斯·米约（Darius Milhaud）给法国大使去了一封信，我们拿到了签证。米约是一位知名作曲家，他娶了一位曾教过吉塔的法国知名演员。当天晚上，我们寄出了行李，而且接到通知，将坐上明天第一趟从日内瓦开往法国的大巴。

第四章　逃离欧洲

1940年7月4日晚上六点半，我们的大巴开出了美国运通公司的办事处。赖娜·利塞尔和我们的管家蒂尼都来送我们。这是我们最后一次见她们。

所有即将离开的乘客都很激动，不少人哭了出来。车上座无虚席，彼此很快就熟悉了。大家都有故事可说，很快我们就像一个大家庭一般，这个家庭尽管不幸，却有着同一个目标：避开德国人。我们的目的地是法国的塞贝尔，一个位于法国和西班牙边境上的地中海沿岸小镇。为了避开德国人，司机必须先向法国农民和士兵打探消息，然后不断变换路线。我们必须绕一大圈，途经格勒诺布尔和尼永，最后到达奥朗日，并在那里逗留一晚。德军已经推进得很深了，到处都有他们。有好几次，司机为了摆脱他们不得不折回。

我们最终在深夜到了奥朗日。第二天早上6点我们出发，在尼姆停车吃了早餐。路上看到的农民越来越少，而法国士兵越来越多。有的士兵单独行进,想着回家和亲人团聚;有的结队而行,但都看起来筋疲力尽,像是受尽了屈辱,脸上满是不悦、疲惫和绝望。没有挥手,没有问候,没有玩笑,也没有笑容。有一次我们不得不突然停车掉头,因为有士兵提醒我们德军就跟在他们身后。幸而司机对这个国家很熟,而且他从未失去过勇气。

下午两点半,我们到达了塞贝尔。小镇坐落在漂亮的海边,但我们没心思去欣赏美景,大家心里只有一个念想:今天能够过境吗?我们试了试,但被拒绝了。当天,海关工作人员只允许法国人、美国人和英国人过境进入西班牙。我们被告知:"明天再来吧。"

路的内心很不安。尽管看起来似乎很镇定,但他毕竟从未经历过这般前途未卜的冒险。我需要鼓起勇气来帮他克服忧伤。当晚我们在塞贝尔的一家铁路旅馆投宿。旅馆的晚餐体现出法国当前的困境:饭前点心的大盘子里只放了一条沙丁鱼,主菜只有意大利面,没有肉,也没有面包或蔬菜。不过让人稍感宽慰的是,我们得到了一瓶不错的红酒。我们过夜的房间里有一扇窗,窗户外面是火车站的月台。尽管运行的火车很少,但我们刚要入睡的时候,一列货运车咣当咣当地驶进了车站,人们高声喊叫,古怪的红色灯不停闪烁,然后一切又重归黑暗和寂静,直到下一列火车的到来。早晨起来的时候,我们都没睡好。旅馆里也没有浴室,而且只有一条小小的灰色旧毛巾供我们两个使用。喝过咖啡后,我们再次试图过境。前一天,海关人员都没有看我们的护照。这一次,他们仔细检查了护照,然后说我们的西班牙签证已经没用了,葡萄牙签证也得重签,因为它是6月份签发的,现在只有7月份签发的有效。我们必须到图卢兹的西班牙领事馆弄到新的签证。

第二天早上4点,路就坐上了开往图卢兹的火车。他带着大巴上所有乘客的护照,其中有7个是葡萄牙人的。直到深夜,路才回来,整个人疲惫不堪。他想方设法弄到了所有乘客的签证,除了那几个葡萄牙乘客的——他们被第三次拒绝了。第二天,我们最终过了境,并立即坐上了开往巴塞罗那的火车,然后又登上飞往里斯本的飞机。这是我第一次坐飞机,飞机相当小,我一点也不觉得享受。

到了里斯本,我们长舒了一口气。刚开始几天,我们忙于拜访警察局(每一个外国人都要登记)、各客运公司,还有美国领事馆。当时我们住在海边的一家旅馆,虽然很小,但很漂亮。大巴上结识的很多新朋友也住在这里，我们时常在城里碰到他们，大家仍像一个大家庭。

里斯本是我见过的最风景如画的城市。房子刷成亮白色或浅粉色，偶尔也会有柔绿色或亮黄色。有些房子还绘上了摩尔风格的图案，有些完全铺上了绿色瓦砖，犹如一片葱翠的草地在阳光下泛着微光。整个城市分成较高的部分和较低的部分，街道起起伏伏，到处是斜坡。我听说现在高低两个部分之间装上了缆车，但在1940年，人们靠的是有轨电车，还有舒适的人行道。

里斯本非常贫困，因此有很多小孩在卖报、擦鞋，还时常乞讨。警察偶尔会驱赶他们，但更多时候是睁一只眼闭一只眼。小男孩喜欢紧紧抓着有轨电车的门板，这是他们很喜欢的一个游戏。他们太穷了，买不起车票，售票员也装作没看见。穷苦的女性要么怀着孕，要么把她们最小的孩子抱在手上或是用披肩盖着。她们没有摇篮车，经常在头上顶着一篮子鱼。

这些女鱼贩和鱼腥味成了这个城市一道独特的风景线。有轨电车、街道、港口和小车，处处弥漫着鱼腥味。大清早，这些女人就从港口长途跋涉走到市场，头上戴着一个小垫子，把装满了鱼的大篮子顶在头上。这些女人虽然大多又矮又胖，但都站得笔直，满脸自豪。穿过街道时，她们会用一只手扶着篮子，其他时候则不用手碰它。她们谦卑得令人难以置信,几乎没有需求。有轨电车跟小的士一样,开得很快,售票员时常在最后的乘客上车前就敲铃,逼着要坐车的乘客跑起来,抓牢把手,在车开动时把自己拽上车。

里斯本的市民很友善,警察也很善待外国人。有一次我和路想去拜访一位朋友,而他居住的街道离我们的旅馆很远,于是我们向一名警察问路。由于语言不通,我们很难听懂警察在说什么。路决定打一辆的士过去,并走向附近的一辆的士。那个警察看到后就跟上我们,拉着我的衣袖,把我们带到了有轨电车的站点,让我们等着。电车到站后,他随我们上车,对售票员说明我们要去的地方、什么时候下车。由于电车已经开动,他只能在下一站下车了。到站后,他若无其事地与我们道别,然后下车步行回到他执勤的地方。

这种与人为善的行为,让我回想起1929年我在伦敦的一次相似经历。有一次我要回自己住的短租房,突然间浓雾压城。我看不到2英尺外的东西,不知道自己身在何处,该走哪条路,也不知道该做些什么。我很害怕,只能站着不动。突然,我感到有人碰了碰我的胳膊,回头看到了一位警察。他就是那种高大、友善的人,头盔的带子紧紧地扣在下巴上。他问道:"怎么了,女士?"

1940 年的玛吉特

1944 年的米塞斯

我说:"我迷路了,不知道自己在哪,我从来没碰到过这样的大雾。"他又问道:"您住在哪呢?""在贝斯沃特。"我答道,并把自己的住址给了他。"来吧,跟我走。"他边说边拉起我的手肘,小心翼翼地把我带到了家门口。路程并不远,但我如释重负,我都不知道该怎么感谢他。他说:"没关系,女士,这是我们应该做的。"随后就离开了。

我们必须在里斯本等上 13 天才能去美国。最初美国特快航运公司给的是 8 月 15 日的票,但这意味着我们要等上 4 周多的时间,我无法想象路能够忍受得下去。于是我每天都去运输管理处。路厌倦了去恳求他们,再也不肯去了,因此我必须接替他去。有一天早上,我很幸运地遇上了经理,他是一位好心人,十分友善,保证尽力帮忙。"不过,"他说道,"你必须每天早上给办公室打电话,准确告知我们当天你们会在哪儿、会做什么。"这很困难,因为路要见很多人,其中包括 M. 本萨巴特·阿姆扎拉克(M. Bensabat Amzalak)教授,他是葡萄牙的财政部部长。7 月 15 日下午,路的一位朋友开车带我们去卡斯凯什看"恶魔之嘴",一条通向大西洋的大峡谷。许多知名人士,例如温莎公爵、卢森堡公爵、葡萄牙总理萨拉查,都在这里建了自己的漂亮住宅,而且房子都带有最奢华的热带花园。我们参观了葡萄牙原始艺术画廊和著名的植物温室。路和阿姆扎拉克见过几次，他为路安排了和萨拉查总理的会面。路还在统计局开了研讨会。他一直很忙，而我得把这些都汇报给美国特快航运公司。每到一个新城市，我们自己外出的时候，路就会带我乘电车或巴士在城里转悠。他说："这是真正熟悉一个地方的唯一方法。"

我每天花半天时间给美国特快航运公司打电话。路没有进一步的动作。他既无法放松，也无法享受现在做的事情。他像是失去了自己的根。我第一次注意到一件事情，这也是他后来时常表现出来的：他可以为一个目标而奋斗，却从不为自己而抗争。他在不能工作时会方寸大乱。有一次他告诉我："一个有故事要说的作家只需要一支笔和一张纸。"回想起来，我觉得路忘了一个更重要的条件：一个作家还需要内心的平静。

在1938—1940年，每个政治避难者都曾经途经日内瓦，或在那里待上一阵，里斯本当时成了那些失去了家国的人的天堂。各国的人聚集在这里，我们每天都会见到更多的人，听到更多的悲伤故事。我们时常去见库登霍韦伯爵（Count Coudenhove），一名泛欧洲主义斗士，他的母亲是日本人，这让他英俊的外表带着点儿异国特征。他娶了维也纳知名演员伊达·罗兰（Ida Roland）。伯爵夫人比伯爵的年纪大不少，婚前有过一个女儿，当时这个女儿已经30多岁，可她每次提到女儿总是说"那孩子"。我和路听着并不觉得有趣，反而觉得悲伤。

7月24日，我又去了美国特快航运公司，得知那位好心人还在等人取消预订，但目前仍没有转机。他让我下午再来，我来了，但仍是徒劳，还是没有位置空出来。

第二天早上我去了美发店，把我的电话留给了哈特先生的秘书。就在我刚把戴满了线圈的头发放到烘干机下面的时候，我接到了电话："这里是美国特快航运公司，请立即过来，我们这有人取消预订了，但你必须在中午前带上所有文件赶到这里。"

我急忙把线圈扔到一旁，也顾不上头发还是湿的，就打车回到了旅馆。谢天谢地，路就在那等我。我让他把文件给我，然后冲向办公室。我赶上了。他们说"白鹃梅号"（Exochorda）上有个客舱，船将在下午5点起航，我们必须立即登船。我拿着船票回到旅馆，我看到路的脸上时隔几周终于重新浮现出笑容。这是我深爱的笑容，我可以为了它赴汤蹈火。

我们的行李没有拆开过，所以我们很快就做好了准备。"白鹃梅号"是美国特快航运公司的三四艘常规跨洋船只之一，它既不大也不豪华，但很舒服，我们的客舱条件也很好。在船驶出港口前，路就病得很厉害，我不得不叫了医生。当时我们并不知道路有胆囊炎，后来我意识到这应该是路头一次犯病，晚年他又发作了好多次。当然，这次发作也许跟他的兴奋、不适、饮食不规律和几周来的内心煎熬有关。

两天后他恢复了过来，但在船上他一点也不开心。实际上，他每次坐船都不开心，待在船上会让他犯幽闭恐惧症。不过我每天都很欢快。跨越大西洋的旅途花了9天时间，这段时间里天气特别好。路在日内瓦学院的一位好朋友——波特教授与我们同行。整个旅途中，我们只见到了一艘英国货运船，除此之外便是碧海蓝天。

我们在1940年8月2日中午到达，停靠在新泽西的一个码头。那天最让我印象深刻的，不是我很早以前在电影里见过的美丽的天际线，而是可怕与无节制的挥霍。因为靠岸后不久，我看到船上的厨房将剩余的食物全都倒进了海里。我们是从欧洲过来的，那里还有很多人在忍饥挨饿，看到这样浪费食物的举动，我们不由得感到悲伤。

阿尔弗雷德·舒茨（Alfred Schutz）博士到码头迎接

我们。他是路的一位好朋友,过去也参加过路的研讨班。看到有我们认识的人在等着我们的到来,我和路都如释重负。

第五章　新家园

在纽约的第一年给我的记忆并不美好。我们搬了五次家。最初住在56号街的帕克·钱伯斯酒店，舒茨博士给我们在这里订好了房间；然后搬到了环河路上一间很好的私人公寓，这是一位朋友借给我们的；接下来又搬到了环河路和86号街交叉口的帕克·克雷桑酒店。我们在一间带家具的公寓里住了一段时间，直到1942年，我才在西区大道上找到了一间公寓。我们在这住了很多年，现在我还住在这儿。

那段时间，路的情绪很低落。他时常会说："要不是为了你，我早就不想活了。"他失去了自己的工作、书籍和收入。路在瑞士的薪水很高，因为像路这样的知名学者的授课在欧洲要比在当时的美国更受人重视——无论是就经济待遇，还是就大众的尊敬来说，都是如此。教授是博学之士，他用了几十年的光阴去学习、阅读和写作，这种长时间的工作应当得到评价和回报。现在，在纽约，我们却不得不靠路的积蓄度日，对一位经济学家来说，眼看着自己的荷包日渐干瘪，这种滋味并不好受。

路从未跟其他人谈过这些，但即使他不提，也有朋友知道他现在的处境。亨利·黑兹利特（Henry Hazlitt）就是其中一位，他当时是《纽约时报》（*New York Times*）的财经编辑。他通过路的著作认识了路。他读过《国民经济学》的英译本（1936年在伦敦出版），并就此写信给路，从那时起他们就一直保持通信。黑兹利特是路在纽约最早见到的人之一，也是最早为了让路在美国安顿下来而积极奔走的人之一。他们第一次见面是在1940年8月21日，当时我们到纽约还不足3周。他们在世纪俱乐部一起吃了午餐。9月3日，我与黑兹利特和他妻子弗朗西丝共进晚餐，就在他们位于华盛顿广场的家中。弗朗西丝的才智给我留下了很深的印象。黑兹利特一家很了解路的处境，因此特别热情和友善。

路每天都有午宴。我之所以提到这一点，是因为后来有几年路更喜欢在家里吃午餐，并且出于工作需要在饭后小憩。有意思的是，尽管情绪低落，他的思维却很活跃。他每天都见不同的人，而且总有新的计划。他很快就决定不去伯克利了。他觉得纽约才是美国的文化中心，这里才是他想待的地方。

(左起)罗斯巴德、黑兹利特和米塞斯

没过多久，他就收到了一些邀约，邀请他担任特邀发言人或是客席讲师。1940年11月7日，他在哥伦比亚大学商学院的一个金融研讨会上开了一次讲座，题目是"战后欧洲经济的重建"；11月19日，他在政治经济俱乐部做了题为"货币的非中立性"的演讲；11月25日，他去纽约社会研究新学院参加了一个讨论。12月5日，我们去了剑桥，他在哈佛大学的立陶尔大厅做了一次讲座，这是他的弟弟里夏德安排的，里夏德自1938年开始就在哈佛大学担任数学和航空学教授。

待在剑桥的日子里，我第一次、也是唯一一次见到了约瑟夫·A.熊彼特（Joseph A. Schumpeter）教授。他当时刚刚第三次结婚，他的新婚妻子是一位优雅聪慧的美国人，二人组建的家庭可爱又安稳。午餐时的讨论活跃而谨慎，因为两位男士对各自的主客身份都很留意。熊彼特当然也知道，路在很多观点上并不赞同他。

顺便提一件小逸事。这件事是路以前的一位学生，现在是危地马拉的马洛京大学教授的乔·凯开森（Joe Keckeissen）告诉我的，这件事也有贝蒂娜·比恩－格里夫斯的速记可以佐证。一天晚上，路在研讨班上对已故的熊彼特教授有这么一段评论。"有很多人，"他打趣道，"坚定不移地支持熊彼特教授的社会理论。他们似乎忘了，这位伟大的教授担任财政部部长时，没能够让奥地利避开史上最具破坏性的通货膨胀。当这位伟大的教授担任一家银行（彼得曼银行）的总裁时，这家银行倒闭了。"

拜访完熊彼特之后的那个下午，路在立陶尔大厅主持了一场讨论，学生们就他前一晚的讲座进行提问。晚上，路又在弗莱彻大厅做了另一个讲座。那些日子里，路似乎从不知疲惫。同月，他还作为嘉宾在普林斯顿大学办了讲座，并和高等研究院（Institute for Advanced Study）的温菲尔德·W. 里夫勒（Winfield W. Riefler）共进午餐。记得有一次路跟我说，只有像里夫勒那样供职于高等研究院，才会使他觉得开心。

里夫勒在日内瓦工作过一段时间，那时候他是我们家的常客。他的到来总能让路感到开心。里夫勒写过一本关于美联储体系的书，该书引起了广泛讨论，他也因此成为高等研究院的固定成员（就是路提过的那个工作）。后来，他去联邦储备金监察小组做了顾问。

对路来说，对自己得不到的事物表达渴望是很不寻常的。于我而言，这比他以前的所有言论或抱怨都更能袒露出他的真心。大多数时候我只能靠着自己的感觉，像一只在地底挖洞的鼹鼠一样在黑暗里探索。向路发问只会让他关上心扉。当我很久以后跟弗里茨·马克卢普提及路的愿望时,他跟我说道:"他应该是那个位置的恰当人选。"为何当年没有人想过这一点呢?

从我们来到美国的那一刻起,甚至在我们还没有自己的公寓,仍住在小房间或是环河路的酒店的时候,路一直都希望晚上有人陪伴。他需要同伴,需要讨论,需要传达自己的观点,并听取不同头脑的回应。

我们一开始见的欧洲人要比美国人多,不过几年后这种情况自然就改变了。这群欧洲人中有一些是路以前在维也纳的学生;另一些则是跟他有来往的朋友,这其中有知名的精神分析学家海因茨·哈特曼(Heinz Hartmann)和他的妻子朵拉。朵拉刚到美国时是一名儿科医生,后来成了青少年精神分析领域的专家。在我的记忆中,那些晚上总是那么有趣,哈特曼博士(曾是弗洛伊德的学生)总是分析希特勒,想要弄清希特勒的真实想法,猜测他未来的计划。还有费利克斯·考夫曼博士(Felix Kaufmann),一位诙谐、和蔼的社会科学哲学家,他曾在路八十大寿时给路的研讨班写过一首诗〔重版于1961年10月16日的《朝圣山季刊》(*Mont Pelerin Quarterly*)〕。我们也时常见到路以前的学生斯蒂菲·布朗(Stephy Brown)博士,他热情、欢乐、充满活力,后来成为布鲁克林学院全职教授。弗里茨·马克卢普1940

年在布法罗大学担任教授,也是一有空就来看我们。后来,他去了普林斯顿大学,时常要外出和授课,就很少能抽出时间了。我们到后面再来聊他。

阿尔弗雷德·舒茨和他的妻子莉泽(Lise)跟我们走得特别近。当初是舒茨在新泽西的码头接的我们,而且他也是第一个试图让路打起精神的人。他是一位社会学家和银行家,从来没忘记过自己在路的帮助下才找到了第一份工作——财政顾问。后来他很不喜欢这个工作,但由于生活所迫也不得不继续干下去,这份工作能让他继续自己的学术事业。他在社会研究新学院教过几年书。他本人也是一个十分有趣的人,不仅长得很像贝多芬,而且对音乐也有着特别的热情和独特的理解。他逝于1959年。他的妻子莉泽,将出版他许多未完成的著作当作自己毕生的事业。而且也多亏了她的不懈努力,阿尔弗雷德·舒茨的著作在今天要比他生前出名得多了。

路真正崇拜的人寥寥无几,其中一位便是里夏德·舒勒(Richard Schuller)博士。他以前是奥地利国务院负责经济事务的副部长,后来在社会研究新学院教了很多年书。他的女儿莉泽·明茨曾是路在维也纳的学生。莉泽和她丈夫马克斯·明茨(Max Mintz)博士时常来我们家做客。莉泽后来成为国家经济研究局的一名工作人员,并在哥伦比亚大学担任经济学教授。

舒勒博士个子不高,身体有点虚弱,但当他谈起维也纳,谈起过去和政治,你不由得会去认真倾听。他在90岁高龄的时候才从新学院退休,当时他告诉我他正在从事数学研究,而且觉得这项研究很迷人,能让他体会到真正的快乐。他一直活到了100多岁。他们一家每个人都卓越非凡,彼此的关系也是我见过的最温暖和最深情的。

有些人的观点跟路很接近,比如已故的恩斯特·盖林格(Ernest Geyringer)博士。他是维也纳的一名实业家,他的热心肠一直为路所称道。盖林格不久后就离开了纽约,和家人在南方生活了很多年。路十分想念这位能跟他交流思想的朋友。

跟我们走得很近的人还有弗里茨·翁格尔(Fritz Unger)博士和他的妻子安妮·翁格尔(Annie Unger)博士,两人都是路在维也纳的学生。他们经常带我们外出参观这个城市,不过翁格尔每次来访都会立即想方设法跟我单独待上一阵,他十分关心路的未来,因此想了解有关路的最新消息。他知道路是不会告诉他这些的。他是一位非常好的朋友,热心、温暖而又乐于助人,在他意外离世后,我和路都十分想念他。他的妻子热衷于旅行,但我们时常能见到她。而且尽管她是一名律师，十分博学，又已经当了祖母，她仍旧保持着身为学生对教授所该有的态度。这是一种在美国很少见的典型的欧洲人态度。在美国，学生会在第一次见教授时就拍着老师的肩膀，打趣地说："你好呀教授！你今天过得怎么样？"对他来说，教授和自己一样是一个做着自己工作的人。

我们还有一些律师朋友，他们也都是路在维也纳的学生。这些学生中有两个人完成学业后在纽约谋到了职位。其中一位是阿道弗斯·雷德利（Adolphus Redley）博士，他是我们忠诚的朋友。有一次他在信中跟我说："对他（路）整个品格的回忆深深地嵌在了我的脑海中，他一生致力于证明这样一个观点，即经济学并不只是国家权术的一部分，而是根植于人性之中的。这就是他传播的福音，人们将怀着感激和爱戴之情而铭记他。"

另一位律师是奥斯卡·海特勒（Oscar Heitler）博士，他是一个单身汉，是我们家晚宴的常客。我们周日去纽约市郊游玩时，他总是陪伴着我们，给我们当导游。路和我都离不开徒步旅行。那时我们没有车，时常会跟海特勒一起乘巴士去柏油村，在那里欣赏洛克菲勒家族向大众开放的漂亮房产。在1940年的美国，像我们这样在洛克菲勒的花园里晃荡的人是闻所未闻的，有好几次警察都把我们拦了下来,要我们解释自己在做什么。当海特勒意外犯了心肌梗死的时候,他请求我能陪他度过生命的最后时光。这又是一个孤独之人。

奥托·卡里尔(Otto Kallir)博士和他妻子也是我们的好朋友。奥托·卡里尔是路的远房堂兄,他和妻子范妮都很有趣、很有教养,待人也都十分友善。他在纽约市开了一家圣艾蒂安画廊(Gallery of St. Etienne),和别人一起把现在已经很知名的埃贡·席勒(Egon Schiele)介绍到了美国。卡里尔一直对民间艺术抱有兴趣,1939年参观过一些本土的美国绘画,并迷上了老妇人安娜·玛丽·罗伯森·摩西的画作。尽管这些作品的质量参差不齐,但卡里尔觉得其中一些作品体现出了一种原始而又新鲜的绘画方式。卡里尔在自己的画廊为她举办了一次个人展览,并将展览命名为"一位农妇的画作"。这是这位艺术家难以置信的职业生涯的开端,后来她以"摩西奶奶(Grandma Moses)"的称号闻名于世。

除了我们时常见到的朋友外,还有一些从不同城市甚至是国外来的访客。我总是得做好准备来迎接这些意外的访客。

与此同时,路开始和美国国家经济研究局有了联系。在1940年圣诞节,路收到该局的会计威廉·J.卡森（William J. Carson）博士的一封来信，信中说："我很高兴地通知你，洛克菲勒基金会给国家经济研究局拨款2500美元，以表达对你的欢迎，并让你展开为期一年的研究。"在1941年2月16日的信中，卡森又写道："这些拨款在接下来的一年仍会有效，开始时间是1941年12月。"路的生活开始有了起色。尽管没有书籍和日记可供参考，但他开始了一本"自传"（他最初是这样称呼它的）的写作。这不是一本通常意义上的自传，书中不涉及他的私人生活，也几乎没提及他的家庭。他讲的是自己的求学生涯，自己思想的发展历程，自己的工作，以及未来的写作构想。他说明了奥地利和德国的政治状况，并谴责德国和奥地利大学里的条件有多恶劣。手稿是用德语写的，内容截至他在日内瓦的时光。他在1940年12月的最后几周里写完了这本书，并交给我保管。但当我读这本书的时候——当时我们结婚才两年，我还没有做好准备，只有到现在我才能明白这些回忆是多么迷人。后来我时常劝路，让他写一本真正的自传，甚至建议他把它献给我。他的回答是："你有我的笔记，关于我人们需要了解的一切都在那里面了。"

战争期间，路对不久的将来的德语书籍市场已经不抱希望了。在1941年9月写给哈耶克的一封信中，路说道:"我不想再增加遗著的数量了,因此我现在都是用英语写作。我希望自己能在一年内完成一卷书,该书将批判性地研究整个'反正统'教条的复杂性及其带来的后果。然而对于我们的努力所能带来的实际后果,我自己又相当怀疑。似乎理性和常识的时代已经一去不复返了,理性和思维早已被空洞的口号所取代。"

在纽约生活一年后,我们的行李和财产从日内瓦寄过来了,于是我们开始寻找公寓。路决定住在曼哈顿西区,因为这里到剧院交通很方便,离纽约公共图书馆也很近。这座图书馆在他生命中十分重要,如果没有它,路无法在他刚到美国的那些岁月做自己想做的研究。对他来说,没有了那些书,就像是一个木匠没有了工具一样。

我很快就找到了理想的公寓。在1942年初,很多公寓都空了出来。我唯一的要求就是找到一个绝对安静的地方,让路在工作时不受任何噪音干扰。很快,这一愿望就实现了。房子当时的房东——大都会人寿保险公司相当一流,它把房子管理得特别好。我给路挑的房间是完全隔绝的,在里面可以看到哈德孙河,也可以欣赏漂亮的日落。远处是西岸高速公路,但没有噪音,也没有电话铃或门铃会吵到路。公寓位于建筑的顶楼,在这样的高度,高速公路上的噪音是听不到的。对路而言这里确实是一个理想的工作地点。路沿墙装满了书架，其他的书架也放得到处都是，连起居室里都有。我时常说："我不仅嫁给了路，也嫁给了书。"后来邻里关系恶化之后，我花了很多年劝路搬走，但都是徒劳无功。他不想别人再碰他的书，也不想再次失去它们，即使是片刻都不行。

这些书现在都在希尔斯代尔学院，并得到了院长乔治·罗奇（George Roche）的悉心保管。我最迫切的愿望（路也同意）是他深爱着的这些藏书能作为一个整体保存下来，而他个人特别希望这些书能保存在美国。

在我们到美国的第一个年头，路对未来做了很多规划，而我则努力想让吉塔从已被占领的法国逃出来。这几乎是一个不可能的任务，因为我没办法与她取得联系。我第一次体会到黑兹利特的友情，不光是因为他对路的思想抱有热情，还因为他个人给我们的热心帮助。正是他帮我们为吉塔弄到了美国的签证。我们只有通过外交渠道才能联系上吉塔，并给她准备好必需的文件，而黑兹利特跟国务卿助理布雷肯里奇·朗（Breckinridge Long）是朋友。整个程序非常复杂，但一切都很顺利。就在吉塔拿到签证的同一天，我们也收到了消息。只有那些年轻女儿的母亲才能理解这对我来说意味着什么。黑兹利特可能早就忘了这件事，但我永远也不会忘记。

玛吉特说，这张路没有带着书！

曼哈顿西区的理想公寓

自从我们在 1940 年 8 月到了纽约后，路跟纽约大学一直保持着联系。8 月 30 日他与赫伯特·B. 多劳（Herbert B. Dorau）博士和纽约大学商学院院长 J. T. 马登（J. T. Madden）博士一起吃了午餐，两个人都对路很感兴趣。1940 年 9 月 7 日，马登给路写信说，让他很感兴趣的是路的一条评论，即"德国的极权主义是从 1931 年设立外汇管制开始的"。他在信中说：

> 我突然想到，希望将来能发表你关于一般话题的一篇大约 5000 字的文章。我希望它能结合当时的政治条件简要分析一下从"一战"后到 1931 年危机之前的社会经济发展。然后再从这一点引申到外汇管制的建立，还有那些助长了政府对商业和进出口控制的经济因素，以及政府是如何不断逐渐渗入德国经济生活的……在本周早些时候我一直在游说其他人，让他们看看我们这里会有什么样的可能性。希望我们能及时得出一个结果。

我在想，是否正是这封信和此前的交流，为路后来的《全能政府》（Omnipotent Government）一书埋下了伏笔。

来到美国，并不意味着路很快就美国化了。他还在观望、观察、阅读和学习。他以极大的兴趣关注着美国各个时期的国内外政策。他每天见不同的人，以拓展自己的眼界。虽然我们很快就申请了美国国籍，但在获得相关文件之前，我们从未把自己当作美国人。在1946年2月，路获得了国籍，而我是在6个月后才获得的。重要的不是这些文件本身，而是路内心的改变。现在，他内心深处又找到了自己的"归属"，在这么多年里他再次有了在家里的感觉，而且这片土地是自由的。新国籍让他非常开心，哪怕我不知道他此前所受的折磨，也能看出他有多么幸福。

路十分谦逊，生活节俭。他就睡在工作室那张狭窄的带有硬床垫的坐卧两用椅上。我常常把他比作以前的奥地利皇帝弗兰茨·约瑟夫（Franz Joseph），后者毕生都睡在一张简易的铁床架上。有一次我问他是否见过这位皇帝，他回答说："见过，他甚至跟我说过话。"我又问："是在什么时候呢？"他继续说道："就在一场军事演习后，当时我刚完成为期一年的军事训练，只有19岁。皇帝来军队视察，他走过我的身旁，坐上了我的黑色马匹。他停下来说：'多俊美的马啊！'说完这句骄傲而又意味深长的话之后，他骑着马走了。"

我们都是早起的人。在"二战"期间我曾读到，丘吉尔为了保存体能每天早上吃香槟早餐，我想这可能对路也有好处。自那以后，直到路去世前的最后一个月，我每天早上七点半都会给路在托盘上准备好早餐和《纽约时报》（不过他用牛奶代替了香槟）。当我把托盘拿到他床边，他会握起我的手亲吻，然后拉着我亲我的脸和头发——这对他来说就像是个仪式。

我会在路去洗澡的时候把他的房间打扫干净。他讨厌在工作时被打扰，甚至在洗澡的时候也放不下工作。有很多次他都沉浸在自己的思想中而忘记关掉水龙头，直到水没过他的双脚，他才注意到身边发生了什么。这时我都不得不冲进去帮他，并一遍遍地安慰他说这些事不算什么，因为他会为给我增添了麻烦而不开心。路穿好衣服后就会立即走到桌前开始写作，顺着自己刚才在洗浴间的思路继续工作。每天上午我只进他的房间两次：一次是十点半的时候，给他带了小点心（当时他正遵照医生的嘱咐节食）；还有一次是稍后拿邮件进去给他。他从不接电话，在他房里也听不到门铃和街上的噪音。不过透过窗户，我们还是可以看到西岸高速公路上川流不息的车辆。在这32年里，交通只中断过两三次，而且都是在隆冬时节，积雪厚到把车子都埋得死死的。这么多年来看惯了从不停止的车流,这种静止带来的静寂让人觉得很陌生,但又迷人而美丽。

1941年的夏天是我们在纽约度过的第一个真正意义上的夏天,我们深切感受到了湿热的折磨。我们无法忍受,于是去了白山度假。我们住在华盛顿山脚下的格伦豪斯酒店,这里的客人大多是欧洲人,巴士可以从酒店开到山顶。当天来的大多数游客把车停在了停车场,在登上巴士之前,他们见缝插针地跑到加油站边上的一个老虎机旁一试身手。由于巴士来往频繁,老虎机前总是人声鼎沸。乘客们在老虎机上试了好几次,才急匆匆地去坐上巴士。就在那时,加油站的服务员(大部分是年轻的小男孩)冲到老虎机前,只用几枚硬币,就会博得大奖,赢光机器里的钱。路和我常常欢乐地看着他们。

现在一切都变了。格伦豪斯酒店变成了一个仅仅贩卖明信片和小饰品的商店,老虎机消失了,只有加油站和巴士站保留了下来。

我们第一次住在格伦豪斯酒店期间,三次爬上了华盛顿山顶。8月17日(当天是周日)早上9点35分,我们从平卡姆峡谷营地(Pinkham Notch Camp)出发,打算翻过塔克曼峡谷,爬到山顶。行至林木线以上的时候,开始狂风大作。此时无法折回,也找不到地方避风。由

在白山度假小屋

于暴风雪突袭，我们甚至看不到身边最近的可供倚靠的石头。狂风把令人目眩的白雪吹进眼睛里，我很害怕，但路没有失去冷静和勇气。他冲我高声呼喊，并指出每一块能让我依靠的石头。最终，在下午3点30分的时候我们到达了山顶，步履蹒跚地走进了一家餐厅。

推开门时我们已经筋疲力尽，但也终于如释重负。一位服务员快步跑到我们身前，用托盘递上了两杯白兰地。他们用望远镜看着我们在与狂风搏斗中一路攀爬上来，并随时准备冲出来救我们。我知道，没有路的话我是做不到这一切的。后来我们乘火车回去了。接下来的一周里我们又登上了山顶，不过这次是乘巴士上去的。我们内心都有一种无以名状的渴望，想要站在山顶上俯瞰这个世界。

我们想把那些来爬白山的游客们通常爬的每一条徒步路线都走一遍。8月24日，天朗气清，我们翻过奥斯古德小径登上了麦迪逊山。在另一个天气晴好的日子里，我们和朋友去了大古尔夫小屋（Great Gulf Shelter），在那些痕迹难辨的山径上艰难行进了7个小时，而那些树根也让我们放慢了脚步。那个夏天我们开始爱上了新英格兰，在后来的大多数年月里，我们不去欧洲的时候，通常会在新罕布什尔或佛蒙特度过夏天。

我们通常会在9月回到纽约,然后路又重新开始工作。阿瑟·戈达德(Arthur Goddard)是路的一位常客。在路的书籍从欧洲运过来之前,路需要人来帮他克服语言上的问题。舒茨推荐了戈达德,因为戈达德也帮他解决过同样的问题。在那些年里,戈达德成为路真正不可取代的帮手。他每周都会来两次,有时甚至是三次,而且一待就是好几个小时。他人品很好,博学又刻苦,学习的欲望总是很强,对艺术和戏剧也很有兴趣。他的拜访总能让路有个好心情。有时我会让阿瑟纠正路在某些词上的错误发音,这些错误是我在他的研讨班上发现的。我想由一个外人来纠正,路会更放松一些。路用一个笔记本把那些发音错误的词都记下来了,而出错的原因则是路刚开始通过阅读而非口语的方式来学习外语。在他的杰作《人的行为》和《全能政府》中,路都特别提到了阿瑟·戈达德,他现在是纽约印刷学校的副校长。不过阿瑟也给路在美国的绝大多数著作做了"紧急处理"。当我有一天看到路给阿瑟每月付的账单时,我很吃惊,后来我意识到,戈达德为路工作不是为了赚钱,而是为了学习。

1941年冬天,路时常跟前奥地利大公、现在的奥托·冯·哈布斯堡(Otto von Habsburg)博士开会,后者对他

1960年，米塞斯和奥托·冯·哈布斯堡在东西德边境

关于奥地利前景的观点很感兴趣。路预测奥地利将不再是一个君主制国家，他就此给冯·哈布斯堡博士写了一份又长又详细的报告。除了一些书评以外，这是路用德语写的最后一篇文章。路时常跟我说，他相信，如果像奥托·冯·哈布斯堡这样的人在1914年掌权的话，历史进程将会不一样。路这么多年来一直对这位大公的才智和道德品格抱有最崇高的敬意。后来当我们在朝圣山学社再次遇到冯·哈布斯堡博士的时候，我也被他吸引住了。在晚宴或午宴上，他常坐在我边上，他的历史知识，他对人类的理解，他广泛的兴趣，尤其是他内在的仁慈和热情，都给我留下了很深的印象。

那些和路一起工作的人，都被路的人格所吸引，并成了他的崇拜者。其中最明显的是路以前在维也纳的那位高效率的秘书——沃尔夫-蒂伯格夫人。她和路共事了20多年，成了路的亲密好友，而且给路提供了巨大的帮助。后来，当路在纽约大学的时候，为他工作的秘书是年轻又有天分的米尔德里德·沙兴格（Mildred Schachinger）。很多年后她写道，她希望仍能继续跟路一起工作。

对为他工作的每一个人，路都很有耐心。他解释工作内容，并期望对方做到最好。可能他最值得称道的一个品格,就是他从不觉得一个人有品格上的缺陷,错误只会出在他或她的理解上。在纽约大学,一位秘书的不称职常常让路大失所望。当他又一次跟我抱怨的时候,我问他:"你为什么不送走她,然后再找一个呢?"他回答道:"我不能这样做,她很需要这份工作。"

第六章　在墨西哥的两个月

1941年冬天，我们在纽约见到了蒙特斯·德奥卡先生（Montes de Oca），他是墨西哥的前财政部部长，当时是墨西哥国际银行的总裁。他身材矮小，却是个伟大人物，为人处事也是如此。他知识渊博，熟悉政治、经济和国际事务，能流利地说4种语言，而且阅读广泛，了解路的所有著作。他当即邀请路带我去墨西哥的大学开系列讲座，他将提供资助。如果路愿意接受的话，他很乐意给路提供一份终身教职，并给他一座带花园的房子，一辆配司机的汽车，以及一份极高的薪水。但路拒绝了。他很乐意去做客，但仍坚持自己的决定——要把家安在美国。

大约在这个时候，吉塔到美国来了，不过她没跟我们在一起待多久。芝加哥的一家机构听说了她在被占领的法国的冒险经历，想让她在美国做巡回演讲。巡回演讲结束后，她响应联合国善后救济总署的号召去了海外，后来回到了维也纳。到那儿不久,她和《时尚》杂志的美国摄影师唐·霍尼曼(Don Honeyman)结婚了。他们在维也纳成婚,教堂是吉塔受洗的教堂,牧师也是给吉塔施洗的牧师,不过我和路都没能出席。在巴黎和美国住了几年后,他们定居在了伦敦,吉塔以写作为业。吉塔·谢雷尼现在是一位知名记者,为《伦敦星期日电讯报》(*London Sunday Telegraph Magazine*)供稿多年,并创作了3本书。

路十分喜爱吉塔。她的抱负,她的活力,她在克服最困难处境时无穷的勇气,以及她对自己丈夫和两个孩子的关爱,都让路尊敬她。

我们的墨西哥之旅定在了1942年1月,当时美国已经参战了。我们有初步申请书,但还不是美国公民。不过,我们在签证上并没遇到什么困难,因为我们的墨西哥朋友打理好了一切。我们于1月11日出发,这是我们离开欧洲后第一次坐飞机,也是我们首次造访南美洲(后来还有很多次)。这次飞行跟整个墨西哥之旅一样,让我记忆深刻,因为尽管旅途十分舒适(我们有卧铺),却花了20多个小时才到达墨西哥城。

我们在机场受到的接待几乎是皇室级别的,就算突然响起管弦乐,我想我也不会太吃惊。大学教授代表团

玛吉特的女儿吉塔·谢雷尼,知名作家、调查记者,2012年逝世

恭候着路的到来。过关手续很快就办好了。机场似乎离市区很近，下午3点的市区非常热闹。我们的酒店位于墨西哥最繁华的马德罗大街。我们的套房，还有我的房间里，都摆满了玫瑰、栀子花和白色马蹄莲，让我有种重回舞台的感觉。接下来的7周时间（我们在墨西哥待到了2月25日）可能是我生命中最大的惊喜。这不仅是因为自离开欧洲后，路第一次重获了自己应得的待遇，还因为我们逗留期间有幸见到墨西哥的精英，他们的文化水平让我深为折服。

最让我觉得有趣的是街上的生活。墨西哥首都有各种各样的人，其中印第安人和混血人占大多数。人们似乎都很穷，而且更让人震惊的是，街上没有一个衣着讲究的人。我想那些富人肯定更加喜欢开车到处转悠。商店一眼看过去就很土气，只有那些卖艺术品、银饰和珠宝的精品小店比较漂亮。

我这辈子都没见过哪里有像墨西哥这么多的贫民。人们衣衫褴褛，赤脚脏得像几个月没洗过一样。女人通常要么怀着孕，要么用长围巾背着小孩。她们扎着长长的黑辫子，辫子里编着彩带。女人和小孩不是在卖一些在我们看来不是很吸引人的糖果，就是在卖彩票。彩票倒是卖得很好，俗话说，越穷的人越喜欢赌博。每个街角都有人在卖柠檬水，这很有必要，因为只有蒸馏或煮沸的水才是能喝的。街上也到处在卖墨西哥卷饼，这是一种用玉米粉和水混合制成的薄饼，是穷人的主要食物。

让我印象深刻的是这里盲人特别多，据说原因是缺少硝酸银。在欧洲和美国，每个新生儿的眼睛里都会滴硝酸银，以防父母把花柳病传染给他们。在墨西哥宽敞的华雷斯大道上，我们看到了最令人动容的一幕。在一座种满了棕榈树的公园对面，一个失明的小男孩，可能只有五六岁，坐在裸地的一角，哼唱着简单而单调的旋律。每次我和路经过，无论白天黑夜，他总是独自坐在那里，没有母亲，没有姐姐，没有任何人来照顾他或给他带食物。

音乐似乎是大多数盲人谋生的手段。我见过一个盲人，他用宽大的墨西哥帽遮住自己空洞的双眼，坐在街边用小棍击打不同大小的小金属盒，奏出一种旋律。他身边有一个盒子，我把小礼物放进去时，发现里面已经有一些比索了。这些钱够他今天的开销了，他很可能很快就能结束自己的"工作"。

在我看来，纽约市和墨西哥城最大的不同在于，纽约市的街道上几乎到处是餐馆和食品店，而墨西哥城里没有食品店，只有书店。有件事看着很有趣，印第安老头儿斜靠着墙壁编织东西，老妇人则抽着棕色的长雪茄四处晃悠。所谓的洗浴车不时地在城里穿梭,把看起来身上很脏的人拉过来清洗一番。之后这些人会得到一个证书,保他们三天内不必再清洗一次。印第安人特别害怕接种疫苗,只要一看见白色疫苗大卡车出现在街上,他们就立即躲起来。为了能在杂货店、香水店和药店里工作,男女售货员都必须先验血。

路事先已跟蒙特斯·德奥卡商议好了,他会讲货币问题。1942 年 1 月 14 日,周三,他在大学举行了第一次讲座。两天后是第一次圆桌讨论会。这些是我们在那里的两个月的固定安排。

路参加一些午宴和会议的时候,我并不总是在场。他必须会见墨西哥各界名流。周日,我们通常在蒙特斯·德奥卡的家里吃晚餐。他家远离喧嚣的市区,坐落在一个很小的老村庄里,那里路面很差,到处是遮天大树。他家对面有间小房子,以前的主人是随马克西米连皇帝(Emperor Maximilian)来到墨西哥的奥地利马夫。蒙特斯·德奥卡大约在 1927 年买下了这处房产。人们常说这里以前是女修道院,但蒙特斯·德奥卡否认了这一点。这座又大又宽敞的宅邸建在一个公园边上,公园里有可爱的古树和棕榈,藤蔓植物从满是热带花的水池里伸展出来,一直爬到房间的窗上。孔雀在公园里大摇大摆地享受阳光，雄孔雀为了求爱而展开羽毛，看起来很像蒙特苏马（Montezuma）的羽毛王冠。

主人在露天大厅的一楼接待了我们，一道被邀请来参加晚宴的客人约有 10 到 12 位，其中包括古斯塔沃·贝拉斯科（Gustavo Velasco）博士。贝拉斯科博士是蒙特斯·德奥卡挚爱的亲人，也是他思想上的继承者。贝拉斯科博士当时还没结婚，他和未来的妻子卢佩后来跟我们成了非常好的朋友。古斯塔沃也是路众多的仰慕者之一，是路的忠实门徒。正如他在 1974 年 9 月为纪念路而召开的朝圣山学社会议上所说的："我翻译了至少 6 本米塞斯的著作，也会把《社会主义》一书的翻译完成。蒙特斯·德奥卡在数年前就开始着手该书的翻译，但他后来担任国际银行总裁，并因病在 1958 年去世，无法完成后续的工作了。"

蒙特斯·德奥卡并未结婚，但他有很多挚爱的亲人。他宴会的女主持人是他的一位侄女——玛丽亚·路易斯·迪亚斯·隆巴尔多（Maria Luise Diaz Lombardo），一位漂亮的年轻女性，在法国受过教育。像我们在墨西哥见到的大多数人一样，她也能流利地说三四种语言。午宴是在一间类似于修道院餐厅的大厅里举行的。大厅的一面墙边摆满了自助餐，对面的墙外则是公园，而且所有墙上都挂着漂亮的老式挂毯。法式大窗户外是绿地,长长的九重葛环绕着窗户,魔幻的紫色阳光充满整个房间。整个用餐室里放了一张非常大的餐桌,每个位置上都有高背椅。人们很容易想象出僧侣们在这个餐厅用餐时的场景。正餐的招待很得体,随后热烈的谈话就开始了,但话题一般比较随意,不是很高深。

我们喝完咖啡后,其他客人也到了,可能有上百人。在这期间,蒙特斯·德奥卡邀请了莱纳四重奏乐团来演出。我们走进花园,孔雀在人群中穿梭,室内乐骤然响起。四重奏演奏了莫扎特、巴赫和贝多芬,这种氛围和花园中的美景相得益彰,使人如同置身梦境。

周日晚宴的客人们从来没准时到过,这让路和我很吃惊,因为我们总是很守时。在这里人们总是会比原定时间晚到四十多分钟。有一次,路决定不要再第一个到场了。但这次我们错了,当我们下午2点到那里时,每个人都已经在等着我们了。蒙特斯·德奥卡邀请了财政部部长爱德华多·苏亚雷斯(Eduardo Suarez)和他的妻子来见路,大家都知道这件事,只有我们被蒙在鼓里。

我们不知道宾客们的名字。我和路跟一位男士聊了很久,这位男士一头黑发,长相俊美,但不怎么爱说话,基本上都是他在听路说。他笑得很拘谨,手也在发抖,不过声音很悦耳。他妻子很漂亮,穿着打扮也都是最新潮的美国风格。让我十分羡慕的是,跟所有墨西哥女性(包括印第安女性)一样,她的手和脚都十分可爱。

这次晚宴上的全都是墨西哥菜。最先上来的是清淡的番茄汤,然后是放在贝壳(这些贝壳比龙虾还大,不过都很圆)里的带面包屑的螃蟹。随后是冷野鸭,它和切成片的洋葱、橄榄和青椒一道清蒸,配着酸辣酱一起被端上来。和这道菜一起上来的还有涂着辣椒酱的墨西哥玉米饼,这饼太辣了,我觉得自己像是在吃纯辣椒。饭后甜点则是柠檬冰和甜酒。用过餐后,宾客们迈入花园,这时孔雀又跟着我们过来了,毫无旋律地大声尖叫着。但随后,当天的重头戏——室内乐响起,这时甚至那些孔雀也安静了下来。

尽管蒙特斯·德奥卡想留我们吃夜宵,但音乐会后我们就立即离开了。我们走到路上准备叫的士,这时一辆车子赶到我们面前。刚才和我们相谈甚欢的那对夫妇从车上走了下来,说要开车送我们回家。直到那时我们才知道这位男士的身份:爱德华多·苏亚雷斯,墨西哥财政部部长。

路在大学讲课期间跟其他老师的关系都很好。尽管这些老师的立场有点左,但对路这位享誉海外的同事,他们给予了足够的尊重。校长本人曾多次邀请路参加午宴和会议,而墨西哥知名学者、经济学系主任席尔瓦·赫尔佐克(Silva Herzog)教授,也时常和我们一起赴约。他几乎双眼失明,他两位迷人的女儿中的一位总是陪着他,因此我们也非常了解她们。他是我们见过的为数不多不会说英语的学者之一,但他懂法语,这对我们的交流很有帮助。

我想我们游览墨西哥的方式跟大多数游客不同,这当然多亏了蒙特斯·德奥卡和贝拉斯科。在路无需工作的时候,这些东道主都会给我们做好安排。有一天,当蒙特斯·德奥卡知道我们喜欢爬山后,他安排了一次去波波卡特佩特火山的徒步旅行,并顺路拜访他的一些朋友。我们一大早就坐着蒙特斯·德奥卡的车出发了,同行的司机是贝拉斯科。我们沿着普埃布拉铁路线行驶,波波卡特佩特火山和伊斯塔西瓦特尔火山就在我们眼前。当地的印第安人把伊斯塔西瓦特尔火山称为睡美人,她的脸坚毅而毫无表情,她的长发垂在背后,她的胸膛和双腿都被冰雪覆盖,这一切看起来都十分壮观。

我们最初在一个小村庄停留,是为了观看一场在老教堂举行的开放式礼拜——之所以开放是因为印第安人害怕封闭式教堂。教堂很大,但很破败,里面空荡荡的,只有几张长凳。这里有很多圣母玛利亚画像,画中她穿的都是老式的丝绸衣服。(墨西哥有一种很特别的裁缝,她们基本上都是老处女,除了圣人之外不给任何人裁衣。)教堂墙上原本都是壁画,印第安人对壁画这种色彩语言的掌握要胜过西班牙人。后来这些壁画被涂上了东西,但现在他们正试着修复。

我们开车继续前行,路况变化很大,我们从柏油路拐到了一条满是灰尘的小路上,它通向的正是那些群山。路的两旁都是印第安人用原木片建起来的小木屋,屋子都没有窗,屋顶也只铺了一层稻草。路上尘土飞扬,滚滚尘埃直接穿透窗门紧闭的汽车,扑面而来,我们的手上和脸上都积了一层很脏的灰尘。我一直无法理解,那些印第安人如何能生活在这种条件下的小木屋里。而且他们的面容总是欢乐而友善,其中一个村庄甚至被称为"极乐之地"。

道路逐渐变得更崎岖了,我们也很快通过了最后一个村庄。路上只有一些伐木工人的小木屋偶尔在树林里若隐若现,而接下来就只有树木和灌木丛了。在路旁,成簇的黄色植物(很像欧洲的金雀花丛)在阳光下肆意生长。现在,我们到了海拔3600米高的科特斯小道(这条路是当年科特斯从韦拉克鲁斯去墨西哥时走过的路),

它通向伊斯塔西瓦特尔火山。我们又行驶到海拔 4000 米高的地方。很多车停在这里，因为接下来人们要从这里开始步行登山。这里的山跟欧洲的是多么不同啊！在欧洲，2 月的时候，海拔 1300 米以上所有东西都会被冰雪覆盖，海拔 1800 米以上就没有树木了。而在墨西哥，阳光永远是那么灿烂，海拔 5000 米以上的地方才开始有雪。

我们在蒙特斯·德奥卡的朋友——莫利诺斯的一位绅士家里停下来吃午饭。这位朋友过去是一名上校，在潘乔·比利亚（Pancho Villa）手下做过事。后来他成了墨西哥的邮政局局长，1940 年退休之后就以自己的兴趣爱好——培育花朵来度过余生。他的地里种满了康乃馨和最漂亮的玫瑰花——有一些黑得就像天鹅绒，其他的看起来则像是绿蓟。他的房子完全用石头建造而成，用餐室里的黑漆家具都是从瓦哈卡州运过来的。房子和里面的一切都是那么有品位，不同寻常。他的朋友——一对兄弟准备了午餐，这两人参与修建了通往波波卡特佩特火山的路。他们都不会说英语，所以我和路是从蒙特斯·德奥卡那里了解到所有必要信息的。他告诉我们，他们的父亲结了 3 次婚，有 30 个孩子——最大的儿子 48 岁，最小的只有 6 岁。这位父亲的妻子 50 岁，而他的精力仍是那么充沛，毫无疑问他很快会再找一个妻子。

两兄弟把我们带到一个建于1553年的小教堂。教堂建在一个遍布鲜花的山洞里，洞壁上画满了感谢圣人的原始字符，感谢圣人把他们从疾病中拯救过来。洞口附近有一堆枯萎了的花，里面还夹杂着小麦。挨着这些花的台阶上坐着一个印第安妇人，她面无表情地凝视着井的深处。另一个妇人的衣物漂在水上，这是个不幸的人，她想要摆脱疾病或是在乞求特别的恩惠。在祈祷时，这个妇人会从凋谢的花堆里抽出一些干枯的小麦来擦拭自己的身体。小教堂里到处是圣像和蜡烛，这些蜡烛被做成心脏或其他身体部位的形状，烛光在微风中毫无规律地摇曳着。花朵到处都是，它们的清香味混杂着燃烧的蜡烛所散发的味道。圣母玛利亚的壁龛里空无一物。一株古老的橄榄树孤零零地立在教堂外，据说巴伦西亚的马丁兄弟（Brother Martin de Valencia）曾在这里和欢鸣的鸟儿一道祈祷。橄榄树旁边是教堂的墓地。那片土地的石头太多，不适合做花园，死者就葬在那片地下，上面盖着刻有死者姓名和生卒年的石碑。人们跨过石碑，这里既没有花朵也没有蜡烛。

日落之后很久，我们才回到墨西哥城。这是美好但令人疲惫的一天。我和路都只有一个愿望：冲个澡，然后换一身干净衣服。就在这时，我人生中第一次——也是最后一次看到我亲爱的丈夫在捉身上的跳蚤。我们从头到脚都找了一遍，但他确实比我更擅长抓跳蚤，他抓住了五只，而我只抓住了两只。

在墨西哥的两个月里，路过得十分忙碌。除了在墨西哥城，他还在一些小镇上办了很多讲座，那里没有空调，温度高达 90～95 华氏度。做完讲座回到家后，他整个人都疲惫不堪。他也会在墨西哥城的法学院讲课，题目是"经济学和政治"；还有一次是在银行家俱乐部讲课。

我们见过许多有趣的人，其中有一些是指挥家，例如路认识的来自维也纳的卡尔·阿尔文（Karl Alvin），以及来自柏林的埃里希·克莱伯（Erich Kleiber），后者当时在指挥一系列贝多芬音乐会。有一次克莱伯邀请我们去参加《第五交响曲》的彩排，因为路的讲座正好和晚上的正式演出时间相撞了。彩排进展得很顺利，克莱伯只有一两次用他的指挥棒打断了管弦乐团。看着不懂西班牙语的他和音乐家们沟通，是一件趣事。一天下午，他跟我们说起了彩排时他所面临的困难。音乐家们不想加班，即使知道会得到报酬也不肯。墨西哥人通常把休闲看得比赚钱更重，克莱伯因此很难让表演达到他所期望的水准。他对墨西哥人的人生哲学有点无可奈何。

2月的一天，路碰到了一件趣事。那天下午，路去蒙特斯·德奥卡的办公室见他。在谈话过程中，蒙特斯·德奥卡告诉路，研讨会结束后他要带路去参加晚宴。"什么晚宴？"路问道。

蒙特斯·德奥卡笑了。"你还真是个老学究呀，"他说，"难道你忘了今天学校要为你开一场宴会吗？"

这回轮到路吃惊了。他说："可我从来没收到邀请啊。"

蒙特斯·德奥卡很震惊。"这不可能。校长都亲自安排好了，邀请也发了，还在帕皮永酒店订了房间。"他打了电话，接电话的是经济学系主任席尔瓦·赫尔佐克，赫尔佐克说他刚刚才发现，宴会是安排好了，但他们忘记给主宾发邀请了！

有一天，我和路去查普特佩克公园参观城堡，奥地利那对不幸的年轻皇室夫妇曾在城堡里居住。跟往常一样，我们坐了巴士，这本身也是一种体验。一个面带笑容、牙齿洁白的印第安小伙子帮我们登上了巴士。他穿着一件干净的蓝衬衣和工装裤，我们都以为他是乘客，后来他让我们买车票，我们才知道他是售票员。巴士十分拥挤，但马上有人给我让座了。

参观完查普特佩克公园，我们都很饿，于是去了公园入口对面一家看起来不错的餐馆。公园入口停着很多车子，喷泉边上还摆着很多长椅。进去后，我们看到店里在举行一场午宴，正打算离开，服务员把我们带到一张不错的桌子前。我们坐下来细看了那个举行午宴的房间，大约有80位宾客，都围坐在长桌边。一支乐队在表演，两个女孩在跳舞（一种混合了墨西哥舞和奥地利蒂罗尔舞的新舞蹈），桌上的食物看起来很美味。

当看到墙上的挂饰时，我和路看着彼此，都有些惊喜。那是些奥地利画，而且穿着紧身裙的舞女戴的也是著名的提洛尔帽。过了一会，店主来我们桌前问好，当我用德语告诉他我们来自维也纳后，他差点倒在椅子上，然后跟我们说了他的故事。他名叫胡普费尔（Hupfer），12年前从布尔根兰（奥地利一个靠近维也纳的州）来到了墨西哥。他的妻子来自萨尔茨堡。他从擦洗地板开始做起，1934年买地建了这家餐馆，后来变得十分成功。1939年，他回过奥地利。他告诉我们，墙上那些我们特别喜欢的画是根据美术明信片画的。他很自豪地带我们见了他的妻子和厨房，据他说墨西哥老板是从不会这样做的。我们也说不清他妻子和他的厨房，到底哪个更加耀眼。

回到酒店后，还没睡上几个小时，地窖起火了。消防队来了，除了水泵发出的声音，消防员一直用带乐感的信号彼此交流，而不是用扩音器来发出命令。这持续了一整晚，我注意到消防员制造噪音的同时展现出了一种童趣。（我注意到警察也是这样，墨西哥的警察比任何地方的警察都更喜欢吹口哨。）

2月25日，我们乘火车离开了墨西哥，这也是一次新鲜的体验。我们从未见过这么漂亮的火车，车厢散发着银光（我觉得它们是用铝做的）。在这次旅途中，没有比此刻更舒适的了。如果我们坐飞机离开，就见识不到这个国家的这么多东西。2月27日，我们刚回到纽约，路就又投入工作了。

1946年和1949年，路又去墨西哥开了讲座，这两次蒙特斯·德奥卡和贝拉斯科带我们逛了墨西哥中部。我们的游览方式跟大多数到外国的游客都不同。1958年，为了出席给朝圣山学社10多个成员安排的会议，我们又去了墨西哥。但这次我和路都高兴不起来。行将就木的蒙特斯·德奥卡让我们心绪不宁，这一次竟成了永别。

我将永远铭记，蒙特斯·德奥卡是我见过最好的人之一。我也要感谢他的好客和对路的理解，他在墨西哥和南美洲宣传路的著作，而且在我们逃离欧洲后，无意中帮助路重拾了信心和乐观态度。

第七章　在纽约的日子

尽管路不懈努力，但是仍没找到职位来缓解我们的财务问题。他很少为自己考虑，也从不抱怨，但这种拮据的生活伤害了他，他觉得对不起我。不过，尽管我们很少出去吃晚餐，他还是坚持每周去一次剧院。

美国当时参战了，但让在欧洲久经战难的我们吃惊的是，战争对美国民众的影响似乎微乎其微，当然，那些儿子或丈夫在服役的人除外。食物并不短缺，尽管许多物品需要定量配给，但我记得只有咖啡和糖的供应比较紧张。

我对自己很不满。身边的人都在工作，我开始焦躁不安。我不得不一次次提醒自己，要记住当初许下的诺言：把路的工作和幸福看作自己人生的头等大事。路注意到了我的不满，劝我重登舞台。但对一个刚到外国（尤其是在战争时期）而且跟舞台早已没有联系的人来说，这是不可能的。后来路认为我应该去广播台试试，我听从了。

几周里，我把 WOR、CBS 和 WNEW①试了个遍，而且收到了鼓励信，让我去参加下一轮的试音。结果都是一样的："每天到我们工作室来等着吧。我们向你保证，一旦能给你开一个频道，就立即让你上台。"但我没办法坐在工作室或机构里等上几周乃至几个月，路需要我待在家里。他什么都做不来，甚至不知道怎么煎鸡蛋。很多年后，他常说："20 世纪最伟大的发明是速溶咖啡。就连我也能给自己弄点喝的，这比剥橙子还要简单。"路从不知道，一个人的右手可以有写作之外的用处，他的动手能力为零。不过我知道他的缺点，在结婚前就知道了，可能正是这些缺点让我更加爱他。

1942 年夏天，我们领教了美国的中产阶级。我们去了波科诺山度假。路订了一家又小又简陋的客栈，客人共有 30 个左右。客栈老板去车站接了我们。经过教堂庭院的时候，她说："这里是墓地，现在我们离客栈不远了。"几天后路跟我说，他觉得当时她这么说可能更恰当："在我们客栈住一阵儿，你离墓地也就不远了。"

客人们都十分友善，而且对我们有着同样的期望。

---

① WOR：World Of Radio，世界电台；CBS：Columbia Broadcasting System，哥伦比亚广播公司；WNEW：哥伦比亚广播公司拥有和经营的纽约市热门电台。——译者注

路的缄默（当然也一直彬彬有礼）让他们产生了好奇，想知道更多关于我们的事情。他们很快发现路是个作家和教授，在他们看来路就是教师，而且他们都知道，教师的工资都很低。当然他们此前没见过学者。

一天早餐的时候，一位妇人跟我说："我读了你丈夫在《水星报》（Mercury）上的文章，题目是《通货膨胀和你》。碰到一位作家真是有趣，整个早餐时间我都在读。你们一定要多跟我说说写作的事情。你能不能告诉我，你丈夫写这篇文章花了多少时间？他现在又在做些什么？"

"你们来自奥地利，"另一个人跟我说，"是不是那个养羊的国家呀？"很显然，她把奥地利和澳大利亚搞混了。还有一个妇人跟路抱怨："真是岂有此理，他们把一个男孩儿安排到了我儿子的房间！"路问道："没有问过你吗？"她回答道："噢，问是问过了，但他们没让那孩子睡在床上，这一点我决不答应。"

客人中有一对姐妹，两人加起来可能有180岁了。她们十分钦佩路，路去哪儿她们都要跟着。有一天，姐妹中的一人跟路说，她去哥伦比亚大学学过法语，而且喜欢翻译。她说："最近我做了一件趣事儿。""什么事儿呢？"路礼貌地问道，以此表示自己很感兴趣。她回答道："我们有个12岁大的小侄子，他文笔很好。最近他写了一篇关于他的小狗的故事,我把故事翻译过来了。你愿不愿意读一下呢?"

你能想象,这些人有多么刺激路。结果,短短两周后,我们就匆匆离开了。正是这次经历,让我成了路和那些会干扰到他的人之间的缓和剂。我了解路,只要他给我一点暗示,我就知道他想要什么。

在纽约的生活变得比在欧洲时更有规律。我们时常被邀请外出,而且每周至少在家里见客两次。空闲的时候,我忙于把食物包裹寄到欧洲,大多数是寄到英格兰,因为我们在那里有很多朋友,他们很需要食物。

我了解自己,知道我需要工作和一个有意义的人生,于是在1943年,我决定去学英语速记和打字课程。这样的话,即使我找不到工作,也毫无疑问可以帮助路。我在42号街的迪里汉提机构(Delehanty Institute)报了名。6个月里,我每天早上9点到下午1点过去,然后下午坐下来完成家庭作业。速记就像个谜,让我很陶醉。

我刚学完课程,就在一家化学制品公司——索恩本公司(Sonneborn & Co.)获得了一份工作,给总裁当私人秘书。要不是战争期间助手很难找,我这个步入中年的新手是没有机会获得这份工作的。对我而言,这甚至有点不真实,我觉得自己好像是重登舞台了。工作地点位于市金融区的一间漂亮的办公室里。公司有125个雇员，大多数是年轻人，他们把大把时间浪费在了茶水间和餐厅。我可以独自进出总裁办公室，然而，我觉得自己像个局外人。只有在周五，当我跟其他人一样收到装了薪水的信封时，我才觉得这是我新生活的一部分，才体会到这是真实的。但我在那里都没待满一年。路无法忍受我在高峰期回家，满身疲惫，还要忙着在厨房里准备晚餐。

路应邀加入了纽约的海外扶轮联谊会（Overseas Rotary Fellowship）。刚开始几年，他时常出席他们每周的午宴。到后来，他忙于写作，就只出席年宴了（我会陪他去）。路曾是维也纳的扶轮社社员，但欧洲的扶轮社跟美国的有点不同，在奥地利，扶轮社员都是该城市最杰出的行业代表。在会议期间，他们会讨论重大的政治、经济和社会问题。这也是希特勒急于解散全奥地利和德国的共济会和扶轮社的原因。

1942年年末，路开始给《纽约时报》写各种文章。亨利·黑兹利特是该报的财经编辑，我可以肯定就是他劝路写这些文章的。跟现在一样，当时《纽约时报》的口号是"任何新闻都是可以出版的"，尽管这些漂亮话32年来都没变过，但该报确实有意识形态倾向。我很好奇，今天的保守派和自由至上主义者要多久才能在《纽约时报》上发表一篇文章!

1942年3月28日至1943年7月31日,路给《纽约时报》写了9篇文章。每篇稿酬只有10美元。但这不重要,重要的是路的名字开始为大众所熟知,而且这些文章带来了数量惊人的来信。这9篇文章分别是:《希特勒的阿喀琉斯之踵》("Hitler's Achilles Heel")、《闭关锁国的纳粹》("The Nazis under Blockade")、《德国的交通问题》("Germany's Transport Problems")、《震惊中的德意志帝国》("Reich Gets Big Shock")、《民主联盟战后的结盟问题》("The Problems of a Post-War Union of the Democratic Unions")、《一种新的世界货币》("A New World Currency")、《工业帝国》("Industrial Empires")、《通货膨胀与货币供应》("Inflation and Money Supply")和《英国的战后问题》("British Post-War Problems")。

这些文章带来的另一个结果就是,路被引荐到了全国制造商协会(National Association of Manufacturers, NAM)。1943年1月4日,协会秘书诺埃尔·萨金特(Noel Sargent)和秘书助理沃道·霍尔施(Vada Horsch)邀请路到他们位于53号街的办公室见面。他们读了路在《纽约时报》上的文章,想听听他关于如何结束工资和物价控制的观点。那时候是全国制造商协会的黄金时代,他们就是自由企业的代言人。第一次会面后不久,路应邀到经济原则委员会(Economic Principles Commission)工作,该委员会是由全国制造商协会的主席和董事会授权成立的,它在很长时间里发挥着作用。路积极参与了这个特别团队,他们创作了两卷本的研究专著:《自由企业制度的本质和进化》(*Nature and the Evolution of the Free Enterprise System*)。路和全国制造商协会的合作从 1943 年延续到了 1954 年。这一合作给路提供了一个平台,让他结识了美国所有重要的实业家、最受尊重的经济学家和最知名的商人。

在 1943 年,除了就货币改革和经济原则跟全国制造商协会进行一系列会面和会议之外,路还加入了一个研究和平组织的委员会,而且参加了库登霍韦伯爵于 1943 年 3 月主持召开的"泛欧洲会议"(Pan-Europe Conference)。1943 年 3 月 15 日,路在纽约大学的教授俱乐部做了题为《美国对外贸易政策的方方面面》的演讲;4 月 10 日,他在波士顿的 20 世纪协会也做了演讲,题目是《经济民族主义与和平合作》,其中观点可以概括如下:"经济民族主义是引发了两次世界大战的国际矛盾的根源所在。经济民族主义一方面把那些有活力的国家变得富有侵略性;另一方面又阻碍那些和平国家去抵抗纳粹主义势力的崛起，阻碍它们去防范德国新一轮的侵略。如果不能成功消除保护主义并建立自由贸易，那么所有力图建立更好的战后世界秩序的计划都将无功而返。"11月的10日和11日，他还在普林斯顿大学办了两次讲座。

国民经济调查局的常务理事威廉·J. 卡森给路写信，告诉他洛克菲勒基金会将再给他提供两年的拨款（截至1944年11月末），这极大地减轻了我们的经济负担。也正是这个时候，路跟耶鲁大学出版社再次有了联系（参见第八章）。

接下来的25年，显然是路一生中最高产也最具创造力的时期。尽管我不知道他是如何做到的，但他给每一件事和每一个人都安排好了时间。他的大脑和时间被分配得很好，而且每逢周六或周日，如果不用跟全国制造商协会开会的话，他早晨都会跟我去博物馆或艺术画廊，晚上则会一起去剧院。

我在前面曾提到过保罗·芒图教授和他的儿子艾蒂安。艾蒂安跟路很亲近。在维也纳时他经常参加路的课程，还时常到我们家跟路交流，而路也认为艾蒂安将会是那种最有前途的学者。在第二次世界大战刚开始的时候，艾蒂安在法国空军部队服役，并在萨尔河前线担任视察官。1941年，在洛克菲勒基金会的赞助下，他来到了美国，在普林斯顿大学的高等研究院从事研究。他当时在研究凯恩斯的著作（1952年由斯克里布纳之子公司出版），经常到纽约来拜访路，有时一个月会来两三次。我永远不会忘记，1943年3月16日（那天是周二）那个特别的下午。他来得很早，给他上茶之后，我们谈了他的父母、巴黎、日内瓦和战争。不过我很快就察觉到他急不可耐地想跟路谈论工作，于是我告退了。当门还没关上的时候，我在门口转过身来，突然间艾蒂安坐着的沙发似乎消失不见了。我在那个位置上看见他身着军装，战死沙场，双眼紧闭。这幅图景只延续了几秒钟。我匆匆关上身后的房门，回到了自己的房间，试着让自己冷静下来。但那幅图景并未消失。后来，艾蒂安走后，路来到我房间，转达了艾蒂安对我的问候。我还是没办法控制自己，跟路说了我刚才看到的图景。路取笑我说："那只是你的幻想罢了。他早已不在空军服役啦！"但我看得出来他也很不安，跟我说这些只是为了让我冷静下来。不久后，艾蒂安回到了法国，并再次到空军服役。1945年4月29日，就在胜利与和平的钟声敲响前不到一周的时候，艾蒂安的飞机在多瑙河边上的一个巴伐利亚小村庄附近被击落了，他丧命于此。

路陷入巨大的震惊和悲痛之中，艾蒂安·芒图对他

来说非常重要。后来在一篇题为《点石成金——凯恩斯奇迹》的文章中,他写道:

> 天赋异禀的法国经济学家,艾蒂安·芒图,已经对凯恩斯进行了准确分析。他是著名历史学家保罗·芒图的儿子,是法国最杰出的青年经济学家之一。他对经济学理论做出了许多贡献,这其中就包括1937年发表在《经济政治评论》(Revue d'économie Politique)上的对凯恩斯理论的敏锐批判;后来他又开始写作《迦太基式和约》(The Carthaginian Peace)和《凯恩斯先生的经济后果》(The Economic Consequences of Mr. Keynes)。但他并未能活着见到自己著作的出版。作为法国空军的一员,他在第二次世界大战结束前几天牺牲了。他的英年早逝对法国而言是一个沉重打击,因为法国十分需要像他这样可靠又有胆识的经济学家。①

1943 年,黑兹利特陪我们去参加一个聚会,在那里

---

① 这篇文章最初由艾萨克·唐·莱文(Isaac Don Levine)刊于1948年3月的《开诚布公》,后来又载于路德维希·冯·米塞斯的《规划自由》(South Holland, Ill.: Libertarian Press, 1952, 1962, 1974)。

我们结识了劳伦斯·费尔蒂希（Lawrence Fertig）和他的妻子贝尔蒂。多年来费尔蒂希一家一直是我们最亲密的朋友。认识贝尔蒂这么多年，我们从没听她对任何人说过一句刻薄话，她总是努力去理解和包容人性的弱点。黑兹利特和费尔蒂希很快意识到，路不是那种会为了自己而去赚钱的人，于是他们主动替路操办了这些，他们要确保路的财务状况能够得到改善。路从未给自己索求过什么，即使是写作，他也不是为了自己而写。

有一件小插曲值得一提。外出演讲的时候，路总是希望我能陪着他一起去，但他无法支付我这份费用。某一天（应当是在20世纪40年代的时候），黑兹利特告诉路，有人邀请他去做讲座，但他希望自己的夫人弗朗西丝能一同前往。于是黑兹利特问邀请者："这次邀请包括了黑兹利特夫人吗？""当然！"对方回应道。从那天起，路就有样学样，他再也不必独自去旅行了。后来很多年里，路接到的邀请里通常也包括我。

对路这样的人来说，黑兹利特就是他最好的朋友。黑兹利特对路的思想、教学和信念有着诚挚的热情，总是从路的感受出发来为他考虑。他一直渴望写些关于路的作品，向这个世界展示阅读路的著作能够获得什么，忽视它们又会失去什么。拉里·费尔蒂希也支持路，并宣传路的作品。凭借连续 7 年在《世界电讯报》(*World Telegram*，现在已经倒闭）上每周开设的专栏和他的著作《自由带来的繁荣》(*Prosperity through Freedom*)，再加上时常出现在电视上参与政治经济讨论，费尔蒂希逐渐为世人所熟知。在他的 113 篇专栏中，有超过 18 次提到了路。

30 多年里，每周日早晨，只要我们在城里，拉里都会给路打电话。他们会聊上差不多一个小时。他们会在电话里回顾这一周，讨论所有的经济和政治事件，也会探讨当时的热点问题，路会预测未来局势。拉里要比路更乐观，不过路当时对美国的现状也并未绝望。路对美国的实力抱有信心，相信它能克服通货膨胀所造成的困难局面。但无论是谈话还是写作，他都会警告说，相对于美国的商品和服务供给，美国的生产力在不断下降。

路几乎刚挂电话，铃声又会响起来。这次是亨利·黑兹利特，他也来"骚扰"朋友了。交谈又延续了一个小时，尽管问答内容有所不同，但路会给出同样的警告。在这之后，我时常问路："你今天的研讨会结束了吗？"他报以大笑。

实际上路只跟这两个人有电话来往，平时主要是我来接电话，约会和安排也由我来做。对路而言，电话是

米塞斯和费尔蒂希

（左起）黑兹利特、米塞斯、科特尼、费尔蒂希

一个必需但又扰人的通信工具,所以他尽可能避而远之。

菲利普·科特尼(Philip Cortney)也是我们的亲密朋友,他住在巴黎。科特尼是巴黎一家大钢铁出口公司的领导,还是巴黎大西洋银行(Banque Transatlantique)执行委员会的主任。他跟巴黎戏剧院的一位前歌手结了婚。在德军占领法国的时候,他们举家搬到美国,在纽约安了家。科特尼加入著名的香水生产商科蒂集团的美国分公司,成了该公司的总裁。奇怪的是,他不喜欢香水味,甚至分辨不出不同的气味,但他喜欢经济学和阅读,很快成了路的热情仰慕者,并和我成了好朋友。如果我没记错的话,是他第一个在法国报纸上提出,路的《人的行为》应当获得诺贝尔奖。科特尼反对由政府来定黄金价格,而且像狮子一样捍卫自己的观点。如果政府做了或者说了什么他不喜欢的,他就给政府写信,或者在报纸上刊登社论,或者发行新闻手册。他的信很少受忽视,甚至时任副总统的理查德·尼克松也抽空写了一封相当长的信回应他。

菲利普是你能想象得到的最好客也最慷慨的朋友。这么多年来,他一直邀请我们在广场饭店共进晚餐,称这个小团体为"家庭"。圆角桌的第一号位置总是留给他的。[这张桌子是海伦·特劳贝尔(Helen Traubel)和劳里茨·梅尔基奥尔（Lauritz Melchior）在歌剧演出后与朋友共进晚餐的地方。] 除了我和路，这个"家庭"还包括黑兹利特和费尔蒂希。

菲利普也邀请其他人。其中一位常客是著名的经济学家和银行家阿尔贝特·哈恩（Albert Hahn）博士。后来，他在50岁的时候和他漂亮的妻子诺拉一道返回了瑞士，1968年在那里辞世。阿尔贝特·哈恩总是能让自己的睿智、幽默和辛辣讽刺恰到好处地融入晚餐的气氛之中。无论何时，只要菲利普在城里结识了法国名流，他都会邀请对方加入我们。安德烈·莫洛亚（Andre Maurois）也有几次成了菲利普的座上宾。比尔·彼特森和他的妻子玛丽（Bill and Mary Peterson）也时常被邀请。

菲利普从不会忘了给女宾客准备礼物。他工厂里生产的每一款新口红，都要得到他挚友的妻子的嘴唇的认可，而且他一直给我们送最好的香水。

"亚瑟王的圆桌"晚宴具有一种令人难忘的色彩和魅力。讨论总是那么生动活泼。周到的服务，美味的食物，以及高级的红酒，都让我们兴高采烈，思想活跃。我们很快活，但从来不会太吵闹，也绝不会说些流言蜚语。我们彼此尊重，而且享受着各自的在场。回想起来，我要说这些夜晚是我最甜美的记忆。路跟我一样，总是满

米塞斯和科特尼在一场正式晚宴上，约 20 世纪 50 年代

心欢喜地期盼着聚会，他享受和这些关系密切、志同道合的朋友共度的时光。

我记得有一天，我因咽喉痛而卧床休息。路夹着一份手稿进了我的房间。"读读吧，"他说，"我刚写完了这本书。"这是手写的《全能政府》，我从头到尾一口气读完了。我知道这本书会成功。如果我读他的书能够入迷到停不下来，我想人们也会跃跃欲试的。

1943年8月，我们又去了白山，不过这一次我们住在了峡谷之家旅馆（Ravine House）。这次我们依然爬得特别尽兴。8月9日，那天是周一，我们爬上了卡特圆顶山（Carter Dome）；8月12日，我们又一次登上了华盛顿山，不过这次是沿着通向埃德蒙兹山坳（Edmunds Col）的格尔夫赛德山径（Gulfside Trail）上去，再从伦道夫步道（Randolph Path）回到峡谷之家。这趟路程我们是跟好朋友路易·鲁吉耶和他妻子露西（Louis and Lucy Rougier）一起走的。鲁吉耶一家在德军占领法国的时候被迫离开了巴黎，战争期间就待在纽约，跟我们住得很近。我们两家每周至少见两三次。8月15日，路和我爬过了卡特峡谷，并在16日（我们一天也没歇）登上了勒夫秃地（Lowe's Bald Spot）。20日，我们去了圆顶岩，在那里遇到了和我们一样的登山爱好者哈伯勒一家。21日，我们去了瞭望台（Lookout Ledge）和新月之家（Crescent House），25日去了松山，27日途经峡谷路去了麦迪逊小屋，并沿着刀口峰返回。在徒步中，我们意外碰到了路的弟弟里夏德和他未来的妻子——一位知名的数学家，给里夏德当了很多年的助手。

路一直坚持夏天不工作——也就是说，他不写任何东西。他严格践行这一决定，甚至不给朋友写信。于是这成了我的任务。他开玩笑说："这就是我娶你的原因啦！"但在登山的路上，我时常看到他陷入沉思，而我会保持绝对安静。我知道这种完全的寂静对他大脑的工作来说多么必要，也知道他很快乐，因为他虽然在沉思，却知道自己不孤独，有我和他在一起。他一次次地握着我的手，或是把手臂搭到我的肩上，一言不发，只是让自己确信我在身旁。

接下来的夏天（1944年），我们在普莱西德湖村度假。在那里我们见到了很多朋友，徒步旅行也很尽兴，后来我们都觉得新罕布什尔州更对我们的胃口。在每天的路途上，路都努力让我相信，我不应该忽视自己的"写作天赋"，他觉得我在维也纳写的那些舞台改编剧已经很好地证明了这一点。"写些短故事吧，"他跟我说，"你能做到的。"他让我去读一本书，让我学习如何去写短故事。

里夏德·冯·米塞斯

他说:"实际上,要注意的只有一件事,你要围绕一个令人吃惊的结局来建立整个故事。如果你能做到这一点,你就能写出好的故事来。"那年夏天我写了一个又一个的短故事,我的点子很多;但回到纽约之后,我因为要忙着照顾路的生活而无法再听从他的建议了。

在我们到达美国这么多年后,1944年10月12日,路第一次独自外出远行。(当时他还没学会黑兹利特的"方法",好让我也得到邀请。)这次旅行是由全国制造商协会的顾问小组安排的,目的是让路在两个会议上发言,其中一个在洛杉矶,另一个则在旧金山。在洛杉矶的会议上,他选择的发言主题是"大萧条和失业,它们是不可避免的吗?"而在旧金山,他讲的则是"自由企业的危机"。

就在路出发前不久,他收到一封信,落款是"JAR"(具体名字不详),洛杉矶的布劳恩公司化学品与实验室用品部门主管。信中对当时的加利福尼亚的描述很有趣:

> 南加州密切关注着大萧条和失业的问题,我们南加州可能是整个美国最危急的地区之一。实际上现在我们有两个产业群落:造船和飞机……我认为我们洛杉矶的市民团体比其他美国人更敏锐地意识到

了自由企业的危机……有一点是你应当特别注意的。很可能你也已经注意到了旧金山和洛杉矶工商业人士的思维差异。这么多年来，旧金山一直是个完全封闭的城市，那里的商业主管们已经习惯了这种思维。在我们洛杉矶人看来，他们的态度很消极。很显然，他们几乎不打算去除这种封闭性的桎梏。而另一方面，在洛杉矶，我们的主管们见证了洛杉矶从一个二流城市一步步发展壮大。他们将这次工业增长主要归功于这一事实，即洛杉矶能够长年坚持开放。我同意他们的观点。我强调两个城市的这一点区别，是想提醒你留意，洛杉矶的思维方式不同于在我们北边的姊妹城市。

有一段时间，路跟后来成了洛杉矶商会总经理的伦纳德·里德（Leonard Read）有过通信。在1943年6月4日寄过来的第一封信里，里德邀请路来做"一系列为了自由竞争企业的讲座"，并给路寄来了一本由洛杉矶商会出版的小册子。路在6月12日的回信中说：

> 决定西部命运的竞技场，既不会是外交官们的会议室，也不会是官僚们的办公室；它不会在华盛顿

的国会大厦,或者竞选之中。真正至关重要的是那些计划经济的拥趸和资本主义的支持者之间的学术争论的结果。民众们,即那些在民主社会中占据至高无上地位的成千上万的投票者们,必须认识到那些虚假学说欺骗了他们,而只有市场经济和自由企业才能把他们想要的繁荣带给他们。不过,为了说服这些民众,你必须首先让那些精英,即那些知识分子和商人们,相信这一点。

路同意去办几场讲座。里德将时间定在 1943 年 10 月 20 日,因为他知道那时候路会待在加利福尼亚。他还邀请路到他家里吃晚餐,见一些杰出人士,这其中包括了路的好友本杰明·M.安德森。

10 月 16 日,周一,路到达了洛杉矶。接下来的两天里,《圣安娜纪事报》(*Santa Anna Register*)的发行人 R. C. 霍伊尔施(R. C. Hoiles)招待了路。路在这两天做了两次演讲,其中一次是在由该报资助的论坛讲座上,题目是《引发战争的原因》;另一次则是在圣安娜的扶轮社,题目是《信贷扩张和大萧条》。1943 年 10 月 18 日,路第一次跟伦纳德·里德见面,后者在路以后的岁月里扮演了重要角色。我想用伦纳德自己的话来讲述他们第一次会面的情景：

  我第一次见到米塞斯博士是在第二次世界大战期间，大约是在1943年前后。作为洛杉矶商会的总经理，我邀请他出席我们董事会的一次会议。米塞斯在发言中概述了政府干预的必然途径。他指出，政府调控将导致其拥护者预想不到的问题和灾难。如果他们意识不到这种伤害的根源在于政府对市场的强制干预，那么他们还会一次次地提议政府干预。为了挽救这种立场的支持者所造成的病态局面，政府颁布了更多这样的法规，直到最后可选择的方法只剩下一种：彻底倒向类似于纳粹那样的完全管控型经济体制。

  米塞斯在讲座上给出的前景是悲观的。我们在座的每一个人都看得出，他所提出的理论与我们国家所走的道路是契合的，例如战时物价和工资管控，原料分配的优先顺序，日用消费品的定量配给。在发言完之后，一位听众向他提问："你给出的前景是让人绝望的，米塞斯博士。考虑到我国政治家们所采用的计划，以及由此将不可避免带来的灾难性后果，如果你有机会成为这个国家的独裁者，那么你会做些什么呢？如果你能如自己所愿地去做任何事，你的第一步行动会是什么呢？"米塞斯的眼睛眨得飞快，他笑着回应道："我会退位！"

米塞斯的这些话深得我心。我意识到这是一位真正一以贯之的自由至上主义者，他绝不会利用政府力量来迫使人们接受自己的思考方式。[①]

只要想说的话不多，路时常选择从西部写信给我。10月15日，当列车驶近盐湖城的时候，他写道："亲爱的，一切安好。但独自旅行真是糟透了。很抱歉没能让你跟我一起来。我爱你。吻你，路。"在18日写道："亲爱的，我的六场演讲完成三场了，现在我可以稍微歇一歇。在酒店里没能收到你的信让我十分失望……为什么？这是什么意思呢？明天我和安德森有一场午宴。吻你……"接下来的一天我收到的信里只有三行字："你是我的一切。没有了你，我的人生将不再有阳光……"

再次回到家让他很高兴。我想这次旅行给路印象最深的是伦纳德·里德举办的单身派对。他告诉我，让

---

① 出自伦纳德·E.里德的一篇名为《路德维希·冯·米塞斯》的文章。该文后来被翻译为西班牙语，于1959年4月或5月在阿根廷的布宜诺斯艾利斯出版。

吃惊的是主人戴上厨帽和围裙,为晚餐烤牛排。路说:"我这辈子都没吃过比那更美味的烤牛排。"这是我第一次听说伦纳德·里德。

1944年12月6日,路收到了纽约大学系主任E.罗兰·科林斯的又一封信:

> 亲爱的教授:
>
> 我决定向本校的校长和理事会推荐您,希望您能在1944—1945学年第二学期担任商业管理研究院的经济学客座教授,每周上两个小时的课,报酬是1000美元。
>
> 我建议您开一门"国家主义与利益动机"的课程,您对该课题有过如下描述:
>
> "这是对经济学家的正统与非正统立场的一种批判性考察。它将对那些想要限制高利润或完全消除利润的种种努力做细致分析。同时,它也特别关注那些不是由无阻碍的市场因素的相互作用来决定,而是由政策决定的商品价格、工资率和利率。"
>
> 我知道您能理解,这一任命还需校长和理事会的同意。不过按照惯例,系主任在这方面的推荐基本都能获得批准,因此我们可以把这件事看作是已

经敲定，只等最后的公示了。

我前面建议使用的课程名称，即"国家主义与利益动机"，是可以改动的。我想可能您会更喜欢用"利益动机"这一简洁的名称。

跟往常一样，每当路收到任何重要的信件，他都会进到我的房间，把信默默地交给我。只有当他看到我的反应，看到我高兴的时候，他才会微微一笑，展示出这封信对他来说意味着什么。我知道，从现在起，我们的生活将会改变了。他得到了讲课的机会，能和年轻人分享他的精神财富，他思维的清晰性，以及他推理的逻辑性。我知道授课对他来说意味着什么，以及他有多么想念课堂。1945年1月，当纽约大学理事会的批准信最终告知他任命已经确定时，他相当高兴。

对纽约大学来说，给路提供在商业管理研究院授课的机会，也让他们感到光荣。直到那时，还没有一所美国大学给路提供过教职。很显然，系主任科林斯和朵拉博士是我们的好朋友，并在第一次见过路之后就成了路的保护人。但其他教授对路的态度很冷淡，他们十分尊敬路，但路和他们不是同类。对他们来说，路就是一个陌生人。我自己注意到了这一点。我时常去路的办公室见他（后来他有了一位秘书和一个助手），发现尽管他的同事都很尊敬他，但对他缺少热情。

不过也有少数例外，例如刘易斯·H. 哈尼（Lewis H. Haney）教授。有一次他请路读一读他即将出版的新书《经济思想史》(*History of Economic Thought*) 的第一章，并说"我很欢迎您能给这一章做一个审查"。路后来当然做了。

路在纽约大学的课程有时非常令人兴奋。路以前的一名学生（他希望我隐去他的名字）告诉我："有四五个学生组成了一个小组，为的是保护教授，对抗那些与他观点相左的学生。为了保护教授免受任何冒犯，他们占据了教室前排靠近教授的一张桌子。不过实际上这些冒犯也并没有那么夸张。"

1945年很多事发生了变化。这一年，路与国家经济研究局的正式合同中断了，尽管双方仍保持着友好关系。国家经济研究局的威廉·J. 卡森曾在一封信中这样说道："国家经济研究局很乐意延长对你的资助，为你关于欧洲危机中的经济政治因素的研究尽一份力。当你路过百老汇街1919号或者是坡地附近时，我希望你不介意进来坐坐，和我们见见面。真心希望你能在方便的时候给我们打电话。"

同样是在1945年，伦纳德·里德离开了加利福尼亚，去纽约出任全国工业协商委员会（National Industrial Conference Board）的副主席。他到东部来的目的是为了传播自由主义理念，因为他相信自由主义是唯一能保证美国和世界得以发展的方法。但他只在委员会待了一年，因为他很快发现个体自由理念的传播受到了工会领导人影响力的限制。于是几位亲密的朋友聚在一起，建立自己的机构来传播自由至上主义，这些人包括霍华德·皮尤（Howard Pew）、克莱斯勒公司的副总裁B. E. 哈钦森（B.E. Hutchinson），以及沃尔克基金会的会长H. W. 卢诺（H.W. Luhnow）。他们在纽约州欧文顿市买下了一处漂亮的房产，1946年伦纳德·里德在那里建立了经济教育基金会（Foundation for Economic Education，FEE），并担任会长。

伦纳德把路和经济教育基金会联系起来的做法不仅是天才之举，还体现了一种精明的商业意识。这是他出过的主意中最好的一个，因为他很清楚，如果他能给基金会找来最杰出的自由市场斗士，那么不仅基金会的存在有了保证，还会在全国引起最广泛的关注。

1946年10月，路成了经济教育基金会的正式成员，而且保证随后几年里每年在欧文顿市举办系列讲座，那里的精神和文化氛围很对路的胃口。经济教育基金会的宅邸坐落在一座美丽的花园里,园里古树参天,草坪干净,鲜花遍地。宅邸建于1888年,本身就带有一种高贵感。房间很大,图书馆藏书丰富,到处都适合安静、专注地工作。

这一切都是伦纳德·里德创造的。他每天第一个来上班(早上8点),晚上最后一个离开,而且现在仍是如此。他的工作室很宽敞,远处角落摆放着一张超大的桌子,这让我想起了墨索里尼——他故意把桌子放在他的大房间最偏僻的角落里,好让来访的人每次穿过房间跟他说话时都感到渺小和迷惑。

但伦纳德完全不同。每当有人出现在门口,他总会站起身来迎接,好让对方感到放松。尽管总是忙于研究论文或写新书,里德仍会抽出时间跟每个人交谈。伦纳德的妻子阿吉是我认识的最有魅力的女性之一,她典雅又可爱,总是带着欢笑,每个人都喜欢她——甚至是女性。每次我和路离开经济教育基金会的时候,她都会在我们的车上悄悄放上一大束花。

路喜欢在经济教育基金会开的研讨班。他知道每位参会者都是仔细筛选过的,他们了解路的兴趣和教育,因此路总能确信他正在跟渴望听他讲课的人交谈。

在课程开始前,路通常会四处走走。他先去跟里德聊一会儿天,然后去见埃德蒙·奥皮茨(Edmund Opitz)——这是他非常欣赏的一个人;随后他又去见 W. 马歇尔·寇蒂斯(W. Marshall Curtiss)和保罗·波洛(Paul Poirot)——保罗时常跟他讨论他将在《自由人》(*The Freeman*,经济教育基金会办的月刊)上发表的文章。最后,路会去贝蒂娜·比恩的办公室。这个时候,她通常已经在自己的办公室里打印好了一堆信,等着路来签名。在他下楼去讲课大厅的路上(除了奥皮茨博士之外,这些人的办公室都在二楼),路会跟每一位员工亲切地打招呼。

路的课程是为欧文顿市的特定受众所开设的,他们主要包括老师、学生和商人。不过他的上课方式跟在纽约大学时一样,只是内容要稍微浅显一点。路希望把这些读过《计划造就混乱》(*Planned Chaos*)和《全能政府》的人引到《人的行为》上来。路的著作引起了很大的关注和需求,伦纳德·里德一直确保这些书在印行中,并随时做好发售准备。

这 30 年来路一直抱怨没有一本真正优秀的、严肃的、富有真理的自由至上主义期刊。他也一直希望有人能聚集人力和财力,创立一本自由至上主义的周刊或半月刊,他认为这对于美国而言是必要的。这是他毕生的梦想和最大的渴望。由艾萨克·唐·莱文创建的《开诚布公》

已经停刊了。后来由霍华德·皮尤资助并由亨利·黑兹利特编辑的《自由人》杂志，是最接近路的构想的自由至上主义期刊。

在俄国出生的艾萨克·唐·莱文经常加入我们的圈子。他跟路有很多共同点：个人的教育和经历让他们对俄国政治都有充分理解。在生命的最后几年里，路告诫人们要注意左翼乌托邦理论。在1949年，唐·莱文也写过以下告诫：

> 一种富有建设性的外交政策的前提不会受任何咨询委员会的影响，它们是经过时间考验并为人们所熟知的。首先，你必须知道你的敌人及其势力范围。在目前的情况中，敌人的势力范围遍布整个世界。欧洲和亚洲，北极和南极，都是美国的第一道防线。[①]

请记住，这些是他在1949年写下的。

路跟纽约大学的合约又延长到了1949年，他的待遇也提高到了2000美元。

---

① 节选自艾萨克·唐·莱文的文章《我们的第一道防线》("Our First Line of Defense")。该文最初刊登于1949年9月的《开诚布公》(*Plain Talk*)。

1947年，我们在卡茨基尔待了几天，在那里路劝我着手写一个电影剧本。他给我出了个点子，一个有关黑森人的历史主题，但我不是很喜欢，因为我觉得太枯燥了。不过后来的夏天我们在某个乡村度假时完成了该剧本，现在它还藏在我的某个抽屉里。

有一天回纽约的路上，我发现路开车的时候很紧张。就像我在前面提到过的，路并不是个好司机，坐他开的车从未让我感到安心。我提议换我来开，但他拒绝了。半个小时后，在靠近索格蒂斯的地方，一辆卡车朝我们驶过来，他看到之后失去了对车子的控制。我们撞上了一棵树。我的头部撞开了挡风玻璃，整个人都被甩出了车子，我失去了意识。路似乎安然无恙。医生立刻赶到给我打了一针，我被救护车送到了索格蒂斯的医院。我记得在医生照顾我的时候，我跟路说的第一句话是："我不会再坐你开的车了。"

我的颊骨断了。手术结束后，我被带回了病房，当时路安静地坐在床边，脸色苍白，一动不动。我发现他起身时有些困难，问他是不是有什么不对劲，他没回答我。我很确定他也受伤了，于是请医生给他检查，结果发现路断了五根肋骨。他一定很痛，却一言不发，跟往常一样，他从不抱怨，只是待在我的身旁。

我说到做到：再也不坐路开的车。后来他时常请求我让他开车，我告诉他，他一个人的话倒是可以开车。不过他一直不喜欢独自开车，所以只得放弃了。

事故发生后的几周里，我十分沮丧。我的脸上留下一道疤，车子也撞破了，即使拿去彻底修好了也不一定安全。不过当时来了一个惊喜。菲利普·科特尼打电话说："玛吉特，你和路需要一辆车。我不希望你们开一辆不是绝对安全的车。庞蒂克的车库里有一辆风暴（Tempest）在等着你们，去看看喜不喜欢。它归你们了。"他很了解路，他想让路不再自责，也希望我不再忧郁。

我花了好一阵子才做好准备再次开车。我喜欢车，每周日我们通常都跟几个朋友一起开车去乡村。鲁迪·克莱因（Rudi Klein）博士夫妇离开纽约去瑞士定居之前，时常和我们做伴。鲁迪曾是路在维也纳的学生，他和他的妻子利洛是我们的邻居，也是我们的好伙伴，尤其是他们也喜欢徒步旅行。鲁迪记忆力惊人，几十年前跟路的谈话他都记得。有一次，他让我记起了1941年美国参战不久后的一个午后，当时他跟利洛在我们的公寓里跟我们一起喝茶。另一位客人是著名意大利经济学家路易吉·伊诺第（Luigi Einaudi）的儿子。小伊诺第很担心祖国在德国的控制下会何去何从。路想要鼓励他，说道："德国人不会赢得战争,意大利会再次崛起,不过英格兰将成为欧洲最贫穷的国家之一。可能当我们见到你的父亲当选意大利共和国总统的时候,这一天就会来临了。"20年后,路的预言成真了。

鲁迪还跟我说了一件事,它发生在尼克松刚当选总统的时候。鲁迪跟路说,从尼克松选择的顾问身上,他看到了希望的曙光。路回答道:"顾问们明白经济问题是不够的,政府领导人必须自己明白,否则他不会愿意为自己的理念而献身。没有人会为了顾问的理念而献身。"

1973年,克莱因夫妇是最后来见我们的朋友,当时我们在卢塞恩上面的疗养胜地松麻特。有两次他们一天赶6个小时路,只为了和我们待上几个小时。他们永远是我们的好朋友。

第八章 《人的行为》的故事

我应当算是很了解《人的行为》一书的。该书有890页内容的打字工作是我负责的，索引完成后，也是我检查的。路是个相当严格的"老板"，至少对我是这样。一旦他发现打字错误，就会让我把一整页都重打一遍，这跟我在迪里汉提机构时一样。路的要求跟机构一样严格，不允许有任何涂改痕迹。

大部分读者都知道，《人的行为》是《国民经济学》（1940年出版于日内瓦）一书的英语修订版。1942年，我们刚在纽约的新公寓里安顿下来，路就开始计划该书的英语修订版，他为此花费了许多年。由于生活中还有很多其他事情，所以我每天只能打几页内容。长时间以来，我的生活中不仅有路，还有《人的行为》。这本书成了我和路生命的一部分，在后来的岁月中，我也分享着它带来的所有欢乐和失望。

跟他此前和之后的著作相比，《人的行为》对路的意义更加重大，因此当耶鲁大学出版社粗暴地对待该书的第二版时，路也比以往更受折磨。但我不想过早地叙述这些事，只打算按照时间顺序把这些事记录下来，让读者更容易理解这本书是怎么创作出来的，为了它的最终出版我们克服了多少困难，以及当路看到《人的行为》这本他富有创造力的一生中最重要的杰作在第二版中变得支离破碎时，他受到的是怎样的折磨。

路跟耶鲁大学出版社的第一次合作涉及《全能政府》一书，是亨利·黑兹利特把路推荐给了耶鲁大学出版社的。当我查阅相关资料的时候，我比以往更清楚地了解到，为了传播我丈夫的理念，亨利·黑兹利特过去做了多少努力，而且至今仍在继续。我们刚到美国的头一年，亨利（他自己本来就是一个工作忙碌而勤奋的人）读了路的全部手稿，还进行了修订——这个任务可不轻松。黑兹利特跟我丈夫有着同样的信念，他们都鄙夷不劳而获。

1943年4月，黑兹利特给路写信说："耶鲁大学出版社对你的手稿（《全能政府》）很感兴趣。我建议你把它寄给出版社的尤金·戴维森（Eugene Davidson）先生。"路接受了这个建议，并很快跟戴维森成了意气相投的好朋友。他们每个月见一次面，通常会一起吃午餐，并讨论他们的出版计划。

为了表示感谢，戴维森在 1943 年 12 月 16 日给黑兹利特写信说："昨天冯·米塞斯教授在这里（纽黑文市）敲定了手稿的最后细节。毋庸置疑，我们都觉得这本书对于当今的思潮会有重要且颇具挑战性的贡献。我们十分感谢你为了该书的出版所做的努力。"

耶鲁大学出版社的主编诺曼·V. 唐纳森（Norman V. Donaldson）跟戴维森一样热情。4 天后，唐纳森给路写信说："你能到纽黑文市来，并能跟我们一起完成该书的出版，这真是太好了。不用说，我对该书抱有极高的期望。"

《全能政府》出版后不久，《官僚主义》一书也出版了。1944 年 1 月 24 日，戴维森在信中写道："我越是思考你的观点，就越觉得我们应当好好讨论你是否有可能把这些写下来并出版。我一次次地想起，在和国税局分支机构的比较中，你对耶鲁大学出版社的衙门的生动描述。而且我相信许多人将会在书中找到那些能够阐明他们观点的陈述……"

路在 1 月 31 日给戴维森的回信中说："你提议我写一本有关官僚主义的经济社会问题的小册子，对此我认真考虑过了。这一主题很吸引我，而且我也关注民众的实际利益。"很快，就在 1944 年 2 月 2 日，戴维森答复道："很高兴你能认真考虑去写一本有关官僚主义的小册子……

而且听到(《全能政府》的)校稿进展顺利也让我很开心,我们现在离出版更近一步了。"

《全能政府》副标题的拟定遇到了一些困难。戴维森提议在2月16日一起吃午餐。"我们可以讨论该书的副标题和《官僚主义》一书。我希望我们能彼此汇报各自的进展。"在这次午宴上,路应该同意了写作《官僚主义》,因为在1944年3月1日的来信中,戴维森对路说道:"听到你很赞赏继续写作一本关于官僚主义的书的看法,乔治·戴(George Day,委员会主席)和诺曼·唐纳森都很高兴……"而在3月3日他又写道:"很高兴能告诉你,委员会愉快地批准了我们有关官僚主义一书的计划……我们都很期盼这次新冒险能够取得成功。"1944年6月2日,戴维森收到了手稿,并写道:"我认为这本手稿很不错,实际上我觉得我们手头上的这本书相当了得……我希望你能尽快收到我对这一新生儿的热情赞誉之词。"

《全能政府》和《官僚主义》是路用英语写出的第一批著作,大众反应和评价都非常不错。不过,这两本书只是路在美国写出的大量著作的开端。从一开始,路就觉得要为英语读者重新修订《国民经济学》。1944年12月,他把《国民经济学》的如下概述寄给了戴维森:

在《国民经济学：经济活动与行为理论》中，我的目标是提供一种有关经济行为的综合理论，它不仅包括市场经济（自由企业体制）的经济学，而且也包括其他能想到的社会合作体制，例如平等主义和计划经济、干预主义和社团主义等。而且我相信，回应其他众多立场（例如伦理学、心理学、历史学、人类学、人种学和生物学）所提出的那些异议是很有必要的，这些异议质疑经济推理的可靠性，也质疑那些继承自所有学派和思潮的经济学家所使用的方法的有效性。只有彻底回应了这些异议，才能让那些苛刻的读者满意，才能让他们相信，经济学是一门能够传递知识和指导行动的科学。

因此，本书将以有关人的行为的一般理论为开头，而通常所说的"经济行为"只是其中的一种特定形式。本书将分析社会科学的基础性的认识论问题，并确定经济学在此框架中所发挥的作用。在这些更为一般的分析的基础上，本书将彻底分析所有经济学问题。

该书的英文版将不只是对1940年在日内瓦出版的德文版的翻译。除了对整个文本进行修订之外（其中有几章将会重写），为了让该书更契合美国的文化氛围,其他的重要改变也是必需的。实际上,美国读者处理经济学问题的角度跟德国读者有很大不同,德国的读者或多或少会陷入对黑格尔主义、纳粹哲学和其他主义的迷恋之中。幸运的是在美国这一点要好很多,例如,在美国就不需要专门去反驳维尔纳·桑巴特(Werner Sombart)和奥特马·施潘(Othmar Spann)的错误理论。

这本专著是纯粹学术性的,而不是一本通俗读物。不过,由于它从未使用任何未经详细定义和解释的专业术语,因此任何一个受过教育的人都可以读懂它。当前,大众确实对这些沉闷的经济学著作并没有太多兴趣。不过,那些讨论物理学和生物学中最复杂的问题,以及自然科学中的哲学和认识论问题的书籍,它们所激起的广泛回响,证明了这种兴趣的缺失不能归咎于对这些复杂研究本身的厌恶。战后重建的大问题将很有可能激起人们对这本书的兴趣,因为它详细地分析了诸如价格、垄断、货币和贷款、商业周期和失业等问题,并且透彻地讨论了针对经济和社会改革的建议。

在12月28日的信中,戴维森对路表示感谢,并询问了路写作该书所需的预付款金额。随后他说道:"元旦过后，我很快就能跟执行委员会的成员们一起着手整件事情。"

1945年1月15日，戴维森在给黑兹利特的信中写道："冯·米塞斯先生可能已经跟你说了，我们已经讨论了让他翻译和部分重写《国民经济学》的可能性。如果你能跟我们说说该书的重要性，那么将会很有帮助。为了让委员会批准这一大规模的计划，我们需要让他们信服这本书所具有的广度、深度和基本特征……我给你写这封信，当然是因为我们十分看重你的判断，也对你最初把冯·米塞斯介绍给我们感激不尽。"

黑兹利特在1945年1月18日给戴维森回了信，并向他介绍了一些了解路的著作，以及能对《国民经济学》一书发表权威性观点的人："可能给那些知道这本很特别的著作，或是了解米塞斯全部著作的人写信会更好。在这些人中我想提的有布法罗大学的弗里茨·马克卢普；现在在哈佛大学的戈特弗里德·冯·哈伯勒；哥伦比亚大学的B. H. 贝克哈特博士（他曾是米塞斯的学生）；范德堡大学的约翰·范·西克尔教授（我相信他也曾是米塞斯的门生）；洛杉矶的加利福尼亚大学的B. M. 安德森教授，他很熟悉米塞斯的著作，尤其是有关货币理论的；以及全国工业协商委员会的加雷·加勒特。此外，如果你有时间联系的话，还可以找伦敦商学院的莱昂内尔·罗宾斯教授和F.A.冯·哈耶克教授。"

1945年1月19日，戴维森先生收到了本杰明·安德森寄来的信：

> 对于你希望我评价冯·米塞斯的《国民经济学》一书的请求，我的意见是这样的：基于对冯·米塞斯已经出版或是已被译为英语的著作的了解，以及从跟他的交谈中所获取的知识来看，我认为该书很值得出版。我想说的是，在我看来，跟耶鲁大学出版社已经出版的那两本著作相比，那些迄今已经从德语翻译过来的著作同样优秀，甚至更好而且更重要。它们就是《社会主义：经济与社会学的分析》和《货币和信用理论》。我第一次接触米塞斯的著作，就是读的前一本。该书对所有关于计划经济的理论和意义的著作（包括庞巴维克的那些经典著作，后者的范围要更小），进行的迄今为止最深刻最重要的批判，令我醍醐灌顶。另外，伦敦经济学院的莱昂内尔·罗宾斯教授在他作的序中说过，在欧陆学界，米塞斯的《货币和信用理论》"一直被视为该主题领域内的典范文本"。

> 《国民经济学》是冯·米塞斯有关一般经济原则的著作。应当说,该书所探讨的主题构成了中心主干,而论述货币和计划经济的著作则是一些分支……该书提供的是基础性理论,有关计划经济和货币的著作中的结论都是从它推导出来的。
>
> 在英语世界,上一次出版有关经济学基本原则的一流综合性书籍已经是很多年前的事情了。因此我认为,这样一本由米塞斯自己翻译并做了相应改进的书,将会给美国的经济学思潮带来重要影响。

1945年2月1日,路收到了哈耶克的信,信中说他4月份将在哥伦比亚大学、芝加哥大学、威斯康星大学、俄克拉何马大学和斯坦福大学举办讲座,到时候会在4月初来看我们。路在1945年2月23日的回信中说:

> 听到你即将来举办巡回演讲,我很开心,公众也为之轰动。可能你还不知道你的《通向奴役之路》获得了怎样的成就,你在这个国家多么受欢迎……耶鲁大学出版社计划出版我的《国民经济学》的英语修订版。我已经开始写了。但是该书有很多卷,而且出版它也需要很大的投资,因此出版社的新委

员会希望从一位知名的经济学家那里了解该书的重要性。由于美国经济学家基本上不读外文书,因此你是唯一能写相关评价的学者……

1945年7月,路又给耶鲁大学出版社的唐纳森写了一封解释《国民经济学》的信,在信中他说:

> 《国民经济学》一书的德文版于1940年在瑞士出版,共有756页。在英文版中,我会试着删除所有对在盎格鲁-撒克逊国家中不知名或者早就被遗弃的欧洲理论的批判。但另一方面,我也必定比德文原版更彻底地处理那些在美国盛行的理论,尤其是凯恩斯-汉森的路径。我预计这些修改会使该手稿的篇幅比1940年版更短一些。我知道简洁明了是一本书优劣的重要标准,因此我也在竭尽所能做到最好。但像这样一本处理整个复杂的经济学问题的专著,它的卷数肯定要比那些专题论著更多。

1948年5月7日,耶鲁大学出版社确认收到了部分手稿。尤金·戴维森在信中说:"新的章节收到了,很高兴你离自己的目标又近了一步。诺曼·唐纳森已经提醒我，我们这边的工作有一个严重的疏忽，我们每确认收到一章手稿就应该付钱给你。我们完全忘了合同中的这一条款，所以请告诉我，你希望如何解决这一问题，以后你希望我们以什么方式进行分期付款。我个人可能比较建议把之前数月的款项一并支付，此后再按照原定的进度表来分期支付。不过我们很乐意满足你的要求。"路在1948年5月12日的回信中答复道："谢谢你5月7日的来信。我完全同意你们的提议。对于之前数月的总款项的支付问题，我把决定权交给你们。"没有什么比这些信更能证明这本书对路的重大意义了，他几乎不关注报酬，也完全忘了要为自己考虑。

1949年，《人的行为》一书的印刷工作进展顺利。戴维森亲自监管一切事情，再细微的细节他也不放过。他希望书尽善尽美，也希望作者感到满意。他甚至给路寄了一份装订好的校对稿，希望得到路的认可。

1949年5月31日，诺曼·唐纳森在给路的信中说："我们现在已经收到了《人的行为》的新书样书，也给你寄了一册……我们可能会把出版日期定在9月14日……希望这本书的问世方式也能让你感到满意。这本书看起来相当大气，也对得起我们给它定的10美元的价格。借此机会我也想向你表达一下我本人的祝贺，祝贺你成功完成了这部极其重要的杰作。"

路很快确认自己收到了样书，并感谢了唐纳森。1949年6月7日，唐纳森回信说："收到你对《人的行为》样书的评价让我们很高兴，而且看到你对这本书的外观有这么大热情，我们也很欣慰。"

1949年9月14日，《人的行为》出版了。该书在整个国家引起了巨大反响。光赠阅本就送出了近百册，当然，这个数字也许没法和今天相比，现在的出版商至少会送出200册。1949年10月10日，唐纳森给路写信说："订单的数量仍然相当可观，今天我们决定第3次印刷了。"

在该书出版后的三周半的时间里，生活第一次看起来比以往更让路觉得充满希望。多少年来他一直辛勤工作，尽管在欧洲有教职，名望甚高，著作也受人尊敬，但他在美国一直没能像之前在欧洲那样，享受到同等的学术认可。退一步说，路的财务状况也很拮据，而且很不稳定，但《人的行为》带来的成功远胜于之前的那两本书。耶鲁大学出版社尽可能去满足那些希望该书能出其他外文版的请求，于是后来《人的行为》有了意大利语版、法语版、日语版和西班牙语版。路的大多数热心读者和仰慕者都来自西班牙语国家。显然，一个国家曾被别国征服得越厉害，它的人民对自由就越渴望。在我

《人的行为》第一版

写下这些的时候,该书的中译版也即将在中国台湾地区出版。

1950年1月9日,戴维森通知路说:"每月一书俱乐部(The Book-of-the-Month Club)将把《人的行为》列在其月报的后面。我相信,这实际上是每月一书俱乐部的订阅者们选它代替了每月书目。"

只要是基于知识和理解的反驳,路从来不会觉得自己受到冒犯或伤害。他过去常说:"他们越是攻击作者,就越能激起人们的好奇心。沉默才是最致命的打击。"

在《人的行为》出版后,耶鲁大学出版社又接着在美国出版了《社会主义》的新增订版,该书最早以《公有制经济》为名于1922年在德国出版。1953年,该出版社又出版了《货币和信用理论》的新增订版,接着在1957年出版了路的《理论与历史:社会经济演化的一种解释》(除《人的行为》之外,路在自己的所有著作中最看重这本)。所有这些书后来都被翻译成了外语。

1959年5月17日,《纽约时报》刊登了一则短报,报道说自1945年起担任耶鲁大学出版社主编的诺曼·唐纳森"将在7月1日出任理事会主席,而现任主席乔治·帕姆利·戴将转任名誉主席。自1949年起担任出版社秘书的切斯特·B. 克尔(Chester B. Kerr),则将接替唐纳森的主编一职"。

报道里没有提到尤金·戴维森。他离开了耶鲁大学出版社，不久后成了《现代》（*Modern Age*）杂志的总编。

这些人事变动彻底改变了路和耶鲁大学出版社之间的关系，并引发了路生命中最失望的一段时期。在路的一生中，我记得有两次危机让他极为心烦意乱，这种情绪甚至影响到了他的身体健康。第一次危机是在我们结婚后不久，路在日内瓦收到了一封于1938年7月29日从维也纳寄来的信，信中说："根据发布于1938年的《奥地利行政人员重组命令》第607页第4段的第一条，你被解雇了。解雇自收信当日开始生效。此次解雇不得申诉。"在维也纳商会担任法律顾问和金融专家27年后，他的祖国解雇了他。但这并不在意料之外，路已经预见到了纳粹分子的行动，而且他当时不算老，可以挺过去。

第二次危机是在筹备《人的行为》的第二版时到来的。《人的行为》已经被视为有史以来最伟大的著作之一，在辛勤工作多年，并以巨大的勇气克服困难之后，路觉得自己站稳了脚跟，他对新版有着很高的期望。

但对出版社的抱怨从四面八方接踵而至。《人的行为》从书店里消失了，修订版月复一月地推迟，读者们的请求也得不到出版社的回应。路没有被告知具体的出版时间，而且出版社也没有及时给他寄来校对稿，路没办法编辑索引，他们甚至没有赠送给他这个作者一本样书。简而言之，他们对待路和他的书，就像是对待那些怀着忐忑不安的心情把自己的第一部著作寄给出版社的高校年轻学生一样。

最终，等候多时的新版《人的行为》终于问世了。但它让所有人都震惊了。在1964年5月5日的《国家评论》(*National Review*)上，亨利·黑兹利特在一篇名为《毁掉一部杰作》的文章中，解释了为什么人们会吃惊：

> 在新版本中，出版社既不尊重米塞斯教授，也不尊重自己，该版堪称奇耻大辱。
>
> 1949年版原本的定价为10美元，修订版的定价是15美元。然而从质量上看，修订版怎么算都不值这个价钱。书里到处是印刷错误。第322页少了4行，第468页则整个缺失了，第469页出现了重复印刷，第563页有两段的位置被调换了，第615页有8行出现了错误。1949年版里每一页都会有的页首标题也全都没有了。
>
> 在迟来的事后补救中，耶鲁大学出版社刊印了页码勘误表（不过它们并没有被装订到书里）。但这

些远远不足以弥补一个不可饶恕的印刷工作。一页页地翻过去，人们会发现，有些段落的墨色印得相对浅一些，而有些段落的墨色更深且字体更粗，看起来就像是黑体字。读者不可避免地会认为这种显著的差异是有意的，认为这些意外造成的黑体字段落是作者有意做出的强调……

我开始只把注意力集中在那些段落之间字体差异显眼的页码，并最终列出了整整70页。我希望耶鲁大学出版社能够解释造成这些字体差异的技术原因……

有些页码一整页都是准黑体字，而另一些一整页都是颜色更浅的字体，这样的例子不计其数，对此我就暂且不提了。这一定会激怒任何一个对印刷整洁性敏感的读者，但至少它不会像前面提到的那些错误那样，误使读者们认为那些变化是作者有意强调的。有什么原因能够解释这些印刷排版上的拙劣错误呢？要知道这些错误甚至会让一个三流的商业出版商都感到蒙羞！是谁读的毛校样？谁看的清样？又是谁放过了这些错误呢？

我问米塞斯教授，对于这些问题他是否能够提供一些线索。但他能提供的信息相当少，因为出版商对此讳莫如深。很显然，为了尽可能地降低工作成本，出版社印刷时有的地方直接影印，有的地方用了重新排版的版面，以前是不会这么做的。当米塞斯博士索要清样的时候，出版社以"机械故障"为理由拒绝了。当米塞斯提出抗议的时候，出版社的主编切斯特·克尔则在1963年1月22日的回信中说："我们完全愿意担起责任，不让《人的行为》的新版本出现印刷错误。我有信心，即使不看清样，你也不会有理由后悔。"当第一批书发给经销商的时候，作者还是没有收到一本样书。

在9月30日的一封信中，出版社承认："不可否认，书的整体质量在我们一贯水准之下。"但他们似乎没打算做任何补救，而是继续以15美元的价格销售。面对《人的行为》的读者和作者，出版社所能做的最后补偿将是立即开始新版本的出版工作（不要等到目前的劣质版本售完以后才行动），同时坦率地承认现有版本的缺陷，然后降价出售。

最后一个问题。为什么这个已经证明自己有能力生产一流作品的出版社，偏偏在这本书上出错？耶鲁大学出版社的现任编辑（不是前一版的那些编辑）是否知道，这本书是我们这一代有关一般经济理论的最重要的著作？他们知道这本书在商业上有利可图，知道它印刷了6次，而且翻译和引用也给他们带来了收入。但如果他们知道这本书的真正伟大之处，如果他们对这本书的作者和读者有一丝真正的尊重，如果他们对自己出版社的名声有一丝爱惜，他们还会随便让这样的版本出版吗？

在那些心烦意乱的日子里，我一直陪着路。只有我知道他在那段时间里经受的煎熬，因为他从来都不是一个喜欢跟大众吐露心声的人。在局外人看来，《人的行为》的印刷错误可能只是一位伟人一生中的一段小插曲，接受了也就过去了。但实际上并非如此。那段时间，路这辈子唯一一次在睡眠上出现了问题（不过他固执地拒绝服用药物）。他很愤怒。这是一种冰冷而沉默的愤怒，指向耶鲁大学出版社中某个无名的敌人，这个敌人威胁着他的杰作，威胁着他的创造力和他的存在。在跟莱格尼里出版社（Regnery）签订了新合同，并看到亨利·莱格尼里（Henry Regnery）对《人的行为》的新版表现出真切关注之后，路才恢复了镇定。当我注意到路的睡眠又跟以前一样正常、规律的时候，我知道他又重新获得了内心的平衡。但他永远忘不了这次的惨痛经历，我也是。

在下面这封1963年12月寄给朋友的信中,读者可以很好地体会到路内心深处的感受:

> 你说的很对。耶鲁大学出版社出版了我的新版《人的行为》,其印刷排版完全是一件让人震惊的丑闻。从来没有哪个像样的出版社胆敢出版这样一本有缺陷的书。
>
> 在所有那些让人很容易察觉到的差异中,首先就是在那些原封不动来自第一版的段落,同第二版里修订和增加的段落之间存在的字体颜色上的区别。前者印出来的颜色更深,后者则更浅。这必定会给读者以错误的印象,误以为这种区别意味着什么,以为这些颜色深浅上的区别是作者有意为之。
>
> 书里到处是印刷错误。有一些页面完全缺失,而有的则重复印刷。段落之间的顺序被打乱,有些段落甚至不见了。文本被墨渍和其他标点符号破坏,尤其是句号、着重符号和其他的标点符号特别多,这些都严重影响了它的可读性。书中缺少页首标题,还有许多别的小缺陷,这些损害了这本书的美观。

对于这个可耻而拙劣的事件，只有两种原因可以解释：要么是无意的，要么就是有意而为之。

如果我们认为这些错误是无意导致的，那么我们就必须说，参与出版该书的所有人都极为笨拙、无能、无效率且粗心大意。但这一假设与事实不符，因为出版社过去和现在出版的书仍有着正常水准。某位教授曾抱怨书的外观不好，而且跟他们说这会影响到出版社的名声，但这家出版社的回应（9月12日）是，他们的名声不依赖于"这一个别例子"，而是"源自我们一直以来稳定出版的高质量作品的积淀"。

因此出版社相当于自己承认了，它之所以没能以正常的美国书籍的外观来生产新版《人的行为》，是他们有意设计的，目的是阻碍该书的流通，并损害作者的名声和物质利益。

出于政治上的原因，出版社的现任管理层对自己前任出版我的书这件事情感到很后悔，他们对《人的行为》取得的巨大成功尤为恼火。但如果他们还有廉耻的话，就应该开诚布公地跟作者说，自己不想再出版他的书了，这样作者就可以另外联系其他出版商。在观察整个出版流程的各个阶段期间，我发现出版社偷偷地一再推迟新版《人的行为》的出版，而且印刷过程也一团糟。对此我给他们提出了解决方法，但出版社不想失去《人的行为》的版权所带来的丰厚利益。就像它跟一位索要样书的经销商代表说的那样，当时出版社在出版上亏损了大概90%的钱，而《人的行为》印了6次，并从翻译和引用上获得了收入。对出版社来说，它带来的收益是很可观的。

出版社想拿我的书赚钱，但同时又想通过提供最恼人的服务来"惩罚"作者和读者。在没有通知我的情况下，出版社找了一个他们以前从未找过的、完全不能胜任的人，来策划出版新版《人的行为》。这种不恰当的做法使得出版推迟了好几个月，并最终给了出版社借口，让他们以"机械故障"为由拒绝给予我查看清样的权利。当我提出抗议的时候，出版社的主编切斯特·克尔先生在1月22日的回信中说："我们完全愿意担起责任，不让《人的行为》的新版本出现印刷错误。我有信心，即使不看清样，你也不会有理由后悔。"

很明显，出版社故意阻挠我去查看清样，是因为他们本来就打算出版一本有缺陷的书。而当该书即将最终完成,并已经将第一批书发给经销商的时候,出版社仍打算瞒着我,甚至没有给我这个作者寄一本样书。

在一封 9 月 30 日写给我律师的信中,出版社不得不承认:"不可否认,书的整体质量在我们一贯水准之下。"但出版社仍旧很顽固,拒绝再出版一个正常水准的新版本,来替代这一让人蒙羞的拙劣品。

在写这封信的时候,我已经不再关心耶鲁大学出版社会有何反应了。我想要做的是感谢那些读了《人的行为》的新修订版的人,感谢他们不去关注那些刺眼的印刷错误,因为正是他们挫败了那些认为通过损坏书籍的外观就能驳倒作者本人的傻子们的阴谋诡计。

在佩里·梅森(Perry Mason)的小说里,反派总是很容易辨认出来,他通常会是那个你最不怀疑而且作者有意忽视的角色。但是,是谁造成了耶鲁大学出版社这些难以置信的出版错误呢?是谁负责筹备《人的行为》第二版的呢?是谁让这本书变得难以读下去,并因此伤害了我丈夫呢?难道只有在尤金·戴维森的支持下,《人的行为》才能够问世?

就我所知，在我丈夫的一生中，这是他唯一一次不得不去咨询律师。据说从来没有哪个律师能赢下跟耶鲁大学出版社的官司。但如果情况属实，那么在这次失败的出版之后，为何出版社会急于掩盖事情，希望能和路的律师取得庭外和解，并承诺满足路的一切要求呢？在前面的信中可以很清楚地看到，这些要求中并不包含金钱方面的诉求。鉴于情况是如此的明显，而且也有利于路，那么为何他的律师会连试都没试就选择放弃诉讼呢？

这是个未解之谜。耶鲁大学出版社是一个千人一面的组织，它势力非常庞大，如果被攻击了，那么责任人要想不被人认出来，就可以躲在机构的铜墙铁壁后面，就像古时候躲在城堡壁垒后面的士兵一样。

但有一件事是确定的。路德维希·冯·米塞斯和耶鲁大学出版社之间在理念上的差异，并没能阻止后者继续"提成"。这么多年来，出版社仍坚持自己的合同，并要求分成。每一年，当路读完耶鲁大学出版社寄来的声明时，他都会一言不发地把信递给我。但他的耸肩，以及其他表示轻蔑的小动作，都比言语更清楚地表达出了他的感受。

第九章 路的著名研讨班

路在纽约大学的研讨班从1948年开始，一直办到了1969年。在这21年里，每周四晚上7点25分到9点25分，研讨班都会在位于下曼哈顿区的研究生院召开。

路像军人一样准时，几乎每次都是在晚上7点20分走进教室，手臂下夹着一个小公文包。他一般先朝大家微笑，然后用眼睛余光急切地寻找我，他很喜欢让我也出席研讨班。他会在长桌中央坐下，然后从夹克的内袋里掏出一张小纸片，纸上写的就是他当晚要讲的全部内容。

然后他开始发言。路在自己的书中时常会用些深奥的专业术语，但在研讨班上则不同，他会用简单的词语清楚地表达自己的观点。一直以来，讲座的结构安排都是一样的：路会以某句话开头，然后在结束语里又恰好与开头相呼应；他的思路构成了一个完美的循环。

在路89岁生日的时候，伦纳德·里德送给他一幅匾额，上面写着："献给一位伟大的教师：你，米塞斯，是一位真正的教师。已有两代人跟随你学习，不计其数的人从你的著作中受益。著作和学生是一位教师不朽的业绩，而这些业绩正属于你。一代学生终将消逝，但你的著作所启发的观念将会成为未来无数代学生思想的源泉。"

是的，路是一位伟大的教师。他有能力提升学生们的思想，激起他们内在的好奇心，并唤起他们对新视角的想象。弗兰克·迪尔森（Frank Dierson）是纽约城一位杰出的企业法律顾问，他从1946年起就来参加路在纽约大学的常规课程，并在1948年年初至1955年期间时常来参加研讨班。后来，他偶然跟我说起：

> 研讨班是我一生中最宝贵的经历，它为我打开了新的世界。凯恩斯曾说过："在25岁的时候，你的观念就固定下来了。"但在冯·米塞斯教授的课堂上，那些四五十岁的人也会放弃以前的信念，去接受他教导的真理。每一堂课都能拓展自己的心智。我记得在第一次研讨班上，米塞斯教授讲完了有关福利立法的课程，整个班级都为他的批判性态度感到震惊。课后，他们组织了一次特别会议，并邀请教授

参加，他们想要告诉他生活中的社会现实。但发生了什么呢？奇迹中的奇迹！在米塞斯教授给出所有论证并重新解释了所有内容后，整个班级都转而完全同意米塞斯教授，并对经济现实和经济自由有了全新的理解。

杰克·霍尔曼（Jack Holman）多年来一直担任强生公司的主管，他有经济学博士学位，还是纽约州一位有执照的专业工程师。他对路也有类似的感觉。他在1950—1952年参加了研讨班。他告诉我：

> 我从未见过像冯·米塞斯教授这般博学的人，他对各个知识领域都有着深入的了解。在讨论经济学的时候，为了论证自己提出的观点，他会旁征博引。我尤其记得他在课上说过的一些话，其中一些还做了笔记。1950年9月21日，他说道："要掌握经济学，一个必不可少的前提条件是要精通历史，包括思想史和文化史，以及社会、经济和政治史。要很好地了解某个领域，一个人就必须了解其他领域。"在1950年12月14日，他说："一种道德标准要从价值标准的角度对各种行为模式做出判断，这些价值

标准源自神圣的戒律,或者自每个人的灵魂深处生发出来。道德领域并不是跟经济行为领域全然无关的。你不能抛开经济问题来研究道德问题,反过来也是如此。"在1950年12月21日,他说:"古典经济学家最根本的贡献是:那些有利于个人的,也有利于社会。"

是的,路是一位伟大的教师,尽管他的英语发音一直不完美。我时常好奇其他人是否会因为这一点受到影响。我环顾四周,观察别人的神情,但他们都聚精会神听讲,眼睛都盯着路的脸庞,偶尔低头做做笔记。我才是课上唯一一个注意力不集中的人。可能这是因为我爱他爱得太深,特别希望他做的一切都能取得成功吧!

他自己也全神贯注。有时他两手交叉托着下巴,手肘撑着桌子;有时他又头向后仰靠着椅背,双手顶着桌子,双眼走神,陷入反思。他的眼睛可能盯着别人,但并没有在看他们。他偶尔会往我的位置上匆匆一瞥,我觉得他看到了我。然后,他就回到自己的思路上,全神贯注于课堂。

讨论期间,路有时会激烈地争论,但他永远保持礼貌。他从不会冒犯别人,但他也不会给对手留借口。他会解释所有主题以消除对手的怒气，但决不会劝说对方违背自己的意志。有时讨论会变得过于活跃而激烈，这时候路就会用一个简短的评论把学生们带回到主题上来，并缓解他们之间的紧张气氛。他向来知道该如何去引导他们，他的克制和礼貌是无与伦比的。学生们可能会就一个主题有不同观点，但在对路的钦佩和尊敬上，他们都是一样的。

在研讨班最后的五六年里，当我开车去纽约大学接他回家时，他都会感到很放松。如果不是我而是其他人送他回家，他总是被迫谈论或进一步讨论某些问题。然而他过于彬彬有礼，不好意思说自己已经筋疲力尽。跟我在一起的时候他就不需要说话，可以好好放松一番。但他时常问我："你喜欢这个讲座吗？你对它满意吗？"每次听他问我这个问题，我的心里都很感动。

我对他的研讨班的关注并没有达到应有的程度，而是把更多兴趣放在那些参加研讨班的学生身上。我看着他们，揣摩他们的脸庞。我看到很多我不知道名字的人来来去去，但也见证了其他一些人的成长和发展，以及他们获得的洞见和达到的高度。

路会与每一位新来的学生见面，鼓励他们，希望他们之中能有人成为第二个哈耶克。哪怕只有一丝星火，他也希望这点星火能够燎原。他从未表现出一丝不耐烦,而且鼓励每个人说出自己的观点。

他一次次地建议自己的学生去阅读和学习外语。他时常说:"遗憾的是,美国学者没能掌握外语,因此无法阅读外文书籍。每一位经济学家都应当通过原文来研究马克思和恩格斯。只有从各个角度来了解相关主题,他们才能更好地讨论它。"他以凯恩斯为例,指出他由于没能掌握德语或法语,因而不知道那些已经由法国和德国学者提出的关于经济政策的解决方案。

在某晚的研讨班上,路引用了法语和德语的原文。一位学生反驳道:"教授,为什么你引用这些呢?我没办法阅读法语和德语。"路的回答是:"好好学,你可是在从事学术活动啊!"

在这些学生当中,我最熟悉的是汉斯·森霍尔茨(Hans Sennholz)。他在德国出生长大,第二次世界大战期间曾是德国空军的一名飞行员。后来,他的飞机被击落,他也成了美国的战俘,在关押期间他熟读了路的著作。他曾在德国学习法律和政治学,1949年起开始在纽约大学学习经济学。他参加了好几年研讨班,并在路的指导下完成了博士论文。现在他是格罗夫城市学院经济学系的主任,时常在全美开讲座,成了一位著名的自由市场的坚定捍卫者。他跟玛丽·霍曼（Mary Homan）结了婚，后者在为经济教育基金会工作期间也时常来参加研讨班。

一直以来（直至现在），我都特别在意他们的姻缘。在汉斯和玛丽见过面后不久，有一天，我把他们邀请到家中，私底下分别找他们说了我对另一方的看法。用这个很简单的方法，我把他们撮合到了一起。他们结婚了，他们的儿子罗伯特后来也成了我的教子，我到现在都特别喜欢这个孩子。玛丽·森霍尔茨后来编订了纪念文集《论自由和自由企业》（*On Freedom and Free Enterprise*），这是1956年2月20日，19位学者为了纪念路获得博士学位50周年而写的。

如今，路的所有美国学生中最出名的应当是默里·罗斯巴德（Murray Rothbard）教授。他参加了1949年的研讨班，后来成为路的理论最热心也最能干的拥护者之一。路可能并不赞同罗斯巴德的所有观点，但他一直认为罗斯巴德是他最有天赋的学生之一。那些读过罗斯巴德的《米塞斯的精髓》（*The Essential Von Mises*）一书的人，都能看出他对我丈夫的工作有着深刻的洞察和热忱的理解。现在，默里·罗斯巴德在纽约的布鲁克林理工学院担任经济学教授，而且他也是一位著名的学者、历史学家和作家。

另一个路寄予厚望的人是伊斯雷尔·柯兹纳（Israel Kirzner）。后来，路挑选他担任研讨班的助手，来帮助自己处理学生的问题，以缓解工作上的压力。现在，柯兹纳博士是纽约大学的经济学教授，他实现了路对他的所有期望。路认为柯兹纳的《经济学视角》（*The Economic Point of View*）是一本非常重要、很有价值的书，并给该书写了序。

路易斯·斯帕达罗（Louis Spadaro），一位安静、积极而又认真的学者，他也参加了很多年的研讨班，并在路的指导下完成了自己的博士论文。他现在是福特汉姆大学的商业管理研究生院的主任。多年以来，研讨班上的大部分学生都跟我们成了好朋友。

珀西·格里夫斯（Percy Greaves）在1950年第一次来参加研讨班，之后几乎参加了全部会议，直到路最终停止教学。对于珀西在经济学理论上的知识和理解，路有着很高的评价。路时常跟我说："他没有读博士真是太可惜了。"对珀西而言，路的著作就像是《圣经》一般。在学生们偶尔组织的晚宴上，他一直是带头人。他和他未来的妻子贝蒂娜·比恩跟我们成了十分亲近的朋友，他们甚至跟我们一起去了佛蒙特州，在那里度了蜜月。

罗纳德·S. 赫兹（Ronald S. Hertz）现在是一名出

(左起)米塞斯、玛吉特、贝蒂娜、珀西·格里夫斯,1959年

色的注册会计师,跟林荫大道上的许多公司有合作。从1949年开始,他常年参加路的研讨班。有一次他写信跟我说:"无论问题或提问者是多么啰唆、无聊、愚蠢或带有敌意,他都会认真听完,随后再耐心地给出严谨的回答。正是米塞斯教授对学生的这种尊重,使那些即使一开始极为敌对的人,也能回过头来。"

路允许一群高中生来参观自己的研讨班。他们都是一些聪明的小男孩,对当今的问题有浓厚兴趣,而且渴望去学习。他们发现,路是为他们"开启未来的人",而不是像那些"友善的"经济学家说的那样——这些经济学家在弃置路说的那些刺耳的真话之前,就把路称为一个"保守分子"。

乔治·赖斯曼(George Reisman)是这群高中生里最年轻的成员之一。在1953年秋天的一个晚上,他摁响了我们公寓的门铃。我开门后见到一个小男孩,当时15岁上下,看着白皙而害羞,他说他想见冯·米塞斯教授。我问他缘由,他说自己还在读高中,但已经把能到手的路的著作都读了个遍,现在是想来问教授,能否允许他去参加教授的课程和研讨班。路跟他谈了话,跟往常一样,路很乐于助人,答应了他的请求。从那时起,乔治·赖斯曼就定期来研讨班。他在路的指导下完成了博士论文,并经常到我们家跟路交谈。

赖斯曼学习勤奋，全心全意，而且充满好奇心。后来他翻译了路的一本德语著作，即1960年由范·诺斯特兰出版社出版的《经济学的认识论问题》（*Epistemological Problems of Economics*）。现在他是布鲁克林的圣约翰大学的经济学教授。

在这些高中生中，拉尔夫·雷克（Ralph Raico）是又一个让路抱以"巨大期望"的学生。雷克后来去芝加哥继续自己的学业，而他现在在布法罗的纽约州立大学教历史。最近他写道（载于1975年2月的《替代物》（*The Alternative*）："了解伟大的米塞斯，能让人们在自己心中为理想的知识分子树立毕生的标准。人们几乎遇不到能达到这些标准的教授，以这些标准来衡量，普通的教授（芝加哥大学、普林斯顿大学或哈佛大学的教授）就是个笑话——当然，以这种方式来评价他们也不公平，因为我们现在讨论的是两种完全不同的人。"

在这些年轻人当中，劳伦斯·莫斯（Lawrence Moss）是另一个获准参加研讨班的人，他当时还是皇后学院的大三学生。在路跟巴里·戈德华特一起登台的时候，莫斯就听过路的演讲。路的思想令他印象极其深刻，于是他竭尽全力要见到路，参加研讨班。罗斯巴德出手相助，为他作了安排。从那时起，莫斯就成了研讨班的"常客"。

在被学校灌输了相当多的"自由"思想之后，莫斯和一位也参加了研讨班的朋友开始提出很多问题，而路总是耐心回答。班上一位年纪更大的学生对这两位新来者老是提问感到不胜其烦，他只想听"教授"讲课，对这些年轻人的思想活动毫无兴趣。于是他给皇后学院的教导主任打电话告发了他们，说他们未经学院许可就跑来纽约大学，没交听课费，还打扰到了其他学生。教导主任给这两位学生打了电话，要他们对此做出解释。他们说明了自己的情况，并请求教导主任给路打电话，问问路是否觉得他们的行为不恰当。但教导主任相信他们，并提醒说："如果有人再次举报你们，你们就会被记录在案了。"不过后来再也没有过举报了。劳伦斯·莫斯现在30岁，在弗吉尼亚大学的詹姆斯·威尔逊经济学系担任助理教授，他现在正在着手进行一项有关奥地利经济学派的研究。在莫斯看来，路是20世纪最伟大的人。

亨利·黑兹利特经常来参加研讨班。他总是坐在路的旁边，并在自由讨论环节参与进来。他的到场让路特别高兴。有一次，在1957—1958学年，写过《源泉》（*Fountainhead*）和《阿特拉斯耸耸肩》（*Atlas Shrugged*）的著名作家安·兰德（Ayn Rand）也参加了。

研讨班上常有不同国籍和不同行业的人。两位耶稣会教授参加了5年的研讨班,他们是韦斯顿学院的经济学和管理学教授威廉·麦金尼斯神父(Father William McInnes),以及香港大学的前经济学教授迈克尔·曼斯菲尔德神父(Father Michael Mansfield)。能够把这些人和其他神职人员引到与社会和经济问题相关的哲学和神学问题上来,路总是特别开心。我还记得理查德·L.弗鲁因(Richard L. Fruin)上校,他在新泽西的莱克赫斯特海军基地担任医师。当时他正在和空军一起研究有关飞行的问题,但每周二都坚持赶五六个小时的路来参加路的研讨班,即使是道路结冰而变得危险的时候,他也从没错过任何一个晚上。

我的好朋友斐贝·丹(Phebes Tan)是一位很有天赋、年轻漂亮的菲律宾女性,她在路的指导下完成了博士论文,后来跟路的另一位学生爱德华·法赛(Edward Facey)结了婚。现在两人都在密歇根的希尔斯代尔学院教书。

威廉·彼得森(William Peterson)也参加过研讨班,他在纽约大学担任过一段时间的经济学教授,现在则在亚利桑那州格伦代尔市的美国国际管理研究生院教书。他的妻子玛丽,一位天资聪颖、魅力非凡的女性,也时常参与，她后来因为在《华尔街日报》上写书评而为人们所熟知。

有一次，在1955年6月，彼得森夫妇带着他们的孩子参加在波科诺山中的鹿山瀑布举办的研讨会，该会由经济教育基金会组织，路是会议主持人。研讨会是在酒店的一栋很特别的漂亮建筑里举行的，会议室十分宽敞，配备有长圆桌。跟往常一样，我选择在比较靠后的位置坐下。会议第一天，路谈论了金本位制。玛丽跟她的两个孩子也坐在后面。根据贝蒂娜·比恩-格里夫斯的会议记录，路在发言中说道：

> 总有一天，政府会放开黄油价格，人们可以以最低的价格吃上黄油。这位安静地坐在房间后面的小女孩，她对我们正在讨论的事情没什么兴趣，但她或许能生活在这样一个世界里，在其中黄油价格将交由自由市场来决定。但是，如果我们不去研究这些问题，不把我们的思考结果告诉人们，那么这一切当然不会发生。

很显然，路注意到了这些孩子。

接下来的一天，玛丽和她的两个孩子坐到了路的正对面。这让我目瞪口呆，因为我无法想象两个孩子能在两个小时里保持安静，我很担心他们会打扰到路。但玛丽知道自己在做什么。她把书和图纸给了孩子们，而孩子们就像被粘在了椅子上，翻看书本，照着书上的图片画画，一直没有抬起过头。直到会议快结束的时候，他们才感到不耐烦，在椅子上坐立不安，拉着母亲的袖子，在她耳边低声细语。路最后的话音刚落，玛丽就跳起来，一手牵一个孩子，迅速冲出了房间，都没跟左右两边的人打招呼！

现在，其中的一个孩子，马克·彼得森（Mark Peterson）——我因为这件趣事和后来的会议而对他印象深刻——正在弗吉尼亚大学攻读博士学位，成了自由市场和个人自由的热情捍卫者。

在本书开头的致谢里，我曾提到过我们的朋友格奥尔格·克特尔。他与他妻子伊洛和我们很亲近。他是一位记者和经济学家，从1949年开始就参加了路的研讨班。他积极热情，总是满脑子新想法，但在开始研究路的思想后，他就获得了一种从未改变过的情感和信念。他说过，对他而言，路"就是整个世界，是黑暗中燃起的光芒"。

还有贝蒂娜·比恩，现在应当称呼她为贝蒂娜·比恩-格里夫斯了。她从1951年开始参加研讨班，一直坚持到了最后，从不缺席。她是为数不多能把自己的才智和好奇心，与对人类本质的关怀和理解结合起来的人。在过去的这些年里，她的名字因为我和路而家喻户晓。如果路需要什么信息，或是需要回忆什么，他都会说："给贝蒂娜打电话吧。"而且她果真能给出答案。

在参加了四五年的研讨班之后，贝蒂娜坐到了路的旁边，负责做速记，没有人敢去抢她的位置。我第一次跟贝蒂娜谈话是1952年在加利福尼亚的一次研讨班期间。当时她还相当寡言少语，基本上不会提问。但后来，在以巨大的热情把路的著作从头到尾读了好几遍之后，她所掌握的知识让她内心有了安全感。她给路的著作编了出色的文献目录，并且为了庆祝路的90岁生日，她给路的全部大约6000卷藏书编了目录（她得到了我的许可，而且也没有请教路），这让路惊喜交加。

研讨班的地点在21年里换了3次。路和我最喜欢的都是第二个地方——加勒廷之家，这是一栋漂亮的褐石建筑，位于华盛顿广场，以前是英国大使馆。在小花园的门口有两尊石狮，它们见证了过往的历史。从办公室的窗外可以眺望整个华盛顿广场，路时常说，可能正是这幅景色给了亨利·詹姆斯灵感，让他写出了那些伟大的小说。我们都喜欢这个地方，尽管对我们来说在这里

加勒廷之家

1960年，在加勒廷之家的研讨班上

停车一直是个难题!

一开始,研讨班在纽约大学的老教学楼里举办,当时有许多学生来参加,房间里座无虚席,也无余地增添椅子。有些学生只是出于好奇,想听听这位著名教授的课。但绝大部分学生有着明确的目标,而且学得很认真。后来,当研讨班改到纽约大学的新教学楼里举办时,来的人少了一些,不过剩下的这些人用他们的热情弥补了人数上的缺失。

路从未错过任何一次研讨班。他还有很多讲座和外出任务,但路都对此作了妥善安排,从不会让它们跟研讨班冲突。有一次,1961年12月,路要去长老会医院做疝气手术。他提前了两天,在一个周日早上办理了入住手续。在取得大卫·哈比夫医生的许可后,我在周一晚上开车把他送到纽约大学上课,然后再送回医院,他在隔天早上动了手术。

路坚定地捍卫女性的权利,他从不怀疑女性的脑力和潜能。他在维也纳的研讨班因为汇集了许多天赋极高的女性而闻名,这些参会的女性后来成了经济学和教育领域的领军人物。要是有一天"妇女解放运动"找上了路,我也不会感到吃惊。一旦这些活动家能解决性别平等这一急切的问题,并把政治学和经济学看作他们最重要的任务,那么他们可能就会说,路是他们的一个英雄。

路在《社会主义》中曾解释道:"如果女性不能发展自我,不能作为平等且生而自由的同伴和同志而与男性联合起来,那么全人类都会遭殃……保持女性内在生命的自由是真正的女性问题,它是人类需要面对的文化问题的一部分。"[1]

在本章末尾,我想提一件趣事,尽管不能透露相关人士的姓名,但我保证它是绝对真实的。几年前,纽约大学的一位研究生在修改自己的研究计划时,想把路的研讨班列入自己的正式课程中来。

他的导师跟他说,他可以单独去参加研讨班,但不能把这算作正式课程的一部分。这位导师说:"米塞斯的理论是一种宗教,而不是经济学。"

但8年后,当这位教授回想起以前的社会大实验的时候,他为这一实验众所周知的凄凉结局而苦恼不已。他说道:"过去这些年来我总是倾向于改革,并且赞成一切新计划。但我眼睁睁看着它们一个接着一个破产,只能被抛弃。你知道吗,可能米塞斯才是对的。"

---

[1] 路德维希·冯·米塞斯:《社会主义:经济与社会学的分析》(伦敦:乔纳森·凯普出版社,1969年),第103—105页。

第十章　他的工作和影响

当朋友们谈起我丈夫的时候，都会说他"温文尔雅"。他当然对我温文尔雅，因为他是一位绅士，而且深爱着我。但实际上，他并没有那般温文尔雅。他有着钢铁般的意志和利刃般的头脑，但是人们在日常生活中不会发觉这一点，因为他总是那么彬彬有礼。在他成长的时代，奥地利还是一个帝国，举止得体和自律不仅在宫廷里是必须的，也是每个有教养的家庭对家人的要求。一个人不会在后来的生活中丢掉好习惯，路当然也没有。

即使是在最热的时候，路坐下来跟我吃饭时也会穿着夹克。我曾试过让他知道穿短袖衬衣有多舒服，但他一直不听。不过有一天晚上，天气酷热难耐，那是华氏90度的闷热天，这是纽约常有的，而且当时我们没有空调。我准备好了晚餐，摆好桌子，穿上了我最漂亮的睡衣，然后叫他来吃饭。他跟往常一样穿着夹克过来了，然后我们开始吃饭。他并未察觉到什么，直到我起身换盘子时他才问我:"**你身上穿的是什么呀?**"我笑了,说:"你不觉得热吗?"他理解了我的意思,笑得眼泪都要出来了,然后他亲吻了我,脱下了他的夹克。这一次是我赢了。不过我并没有获得真正的胜利,因为在他最后的时光里,当跟其他人在一起的时候,他还是不会脱下夹克的。

要让路改变已经做好的决定要难得多。他讨厌空调的噪音(当时的空调并不像今天这般静音),因此他不肯在工作室里也装上一台。我说什么也改变不了他的想法。最终我只得求助于医生,让他知道公寓的燥热环境不利于他的健康——其实他自己也承认,我们的公寓"夏天热得像热带,冬天又冷得像北极"。

有一次我跟弗里茨·马克卢普谈到了路的固执,他是这么说的:"对于一个像路德维希·冯·米塞斯这样的人来说,你不应把这说成是固执,而应当称它是一种品质。"

医生劝路戒烟的时候,我感到很遗憾,不过不是为他,而是为自己遗憾。我喜欢看他吸烟,因为抽完烟能让他放松而且心情愉悦。尽管谈不上有瘾,但他确实喜欢抽烟。不过戒烟对他来说并不简单,尤其是在他工作的时候。有时进到他的工作室,我敢肯定他刚才抽过烟,对此我能理解,也不会说什么。但他会觉得很羞愧,因为对香烟的渴望压倒了他,战胜了他的意志。

路在物质方面几乎没有什么嗜好,因此我很难为他挑选礼物。不过有一次我"碰巧"找到了一个合适的礼物:我给他在大都会剧院订了票。在20世纪40年代末期,好位置总是一票难求,我也是在"有关系"的朋友的帮助下,才抢到靠近管弦乐队的第三排的位置。剧院演出还是在百老汇的老剧场。当时我的钱不够再买一张票,那十几年里,可怜的路只能怀着忧愁独自前往,直到有一天他又弄到了一个座位。

去剧院、一起开车去乡村以及远足,是路放下手头繁重的工作之后为数不多的消遣和放松。别人在60岁就慢下来,把生活过得简单一点,但路却恰恰相反。原因很简单:路爱自己的工作。

路早前经常和勒普克、哈耶克商讨一个想法,即建立一个提倡自由市场和个人自由的学社。在学社从想法变成现实的时候,他非常满意。如同后来在一本学社备忘录里所记载的:

> 朝圣山学社是在1947年的一场非正式会议上,由一群欧洲和美国的学者所组建起来的,他们开始严重警告保护自由社会时所面临的紧迫威胁。在哈

1950年初的朝圣山会议，米塞斯和卡洛·安东尼

1962年的朝圣山会议，米塞斯和雅克·吕夫

耶克和勒普克的建议下，一群对这些问题有着共同关注的瑞士人邀请了大约 40 位经济学家、历史学家、哲学家和记者，组建了最初的组织。在一个类似的美国团体的帮助下，有 16 位美国人得以加入。在围绕最热门的话题讨论 10 天之后，在靠近韦威一个名叫"朝圣山"的地方，这个组织决定将自身转变为一个永久性协会，目的是研究这些问题，并逐步把其他有着共同信念的人挑选到协会中来。

路是学社的"奠基人"之一。他第一次参会时我不在，但后来我时常跟他一起去。会议在每年 9 月初召开，因此我们把会议和年假连在了一起，在欧洲度过夏天。我喜欢朝圣山会议，它不仅在才智和精神上给人激励，也是有趣的社会事件。会议每年在不同国家召开，并且安排得很妥当。这要归功于我们的好朋友阿贝特·于诺（Albert Hunold）博士，他是学社的第一任秘书，后来接任的是拉尔夫·哈里斯（Ralph Harris），哈里斯不知疲倦，总是很幽默，而且很擅长处理那些难事。

仔细查看了朝圣山会议记录后，我发现路只在学社发表过 4 篇文章：第一篇是 1950 年在荷兰的布卢门达尔，第二篇是 1956 年在柏林，第三篇是 1958 年在普林斯顿，

第四篇则是 1961 年在意大利的都灵。这并不意味着其他年份的会议他没有发言。他参与了所有的讨论，只是没有被记录下来。他时常引用路德的一句话："演讲不是读文章。(Eine Rede soll keine Schreibe sein.)"

这些会议会让路把自己绷得很紧。每个人都想跟他讨论，或者至少陪他一起用餐。他一整天都待在会议室里，但如果有什么讨论或演讲让他感到无聊的话，他会拿出随身携带的小纸片写些东西。人们看着他，以为他在做笔记，但其实并没有，他只是在写些毫无规律的数列，偶尔还会把这些数字加起来。我认为它们并没有什么含义，只是某种涂鸦，不过我从没问过他这件事。

路把朝圣山会议看得很重。他能在会议上和老友碰面，结识新朋友，并听到世界上各种此前没听过也没讨论过的思潮。他有机会跟朋友们见面长谈，诸如雅克·吕夫、路易·博丹、路德维希·艾哈德、哈耶克、马克卢普、赫尔穆特·舍克、哈伯勒、加斯顿·勒迪克、W. H. 赫特和鲁吉耶等。这些知名学者汇聚一堂，为的是给人类自由献上自己的一份力。

不过在路看来，有时有些人已经处在十字路口，或者说误入歧途了。我记得在斯特雷萨召开的那次会议，当时我就坐在路的旁边，听马克卢普宣读一篇论文。突

玛吉特和米塞斯在普林斯顿大学，1958 年

马克卢普在米塞斯 80 岁生日宴会上，1961 年

然间，我注意到路身体在晃动，他看起来十分激动，似乎对马克卢普正在说的内容感到震惊。当时演讲已经接近尾声。

我们起身出去的时候，马克卢普跟着我们一起走，他跟我说了些礼貌的客套话，并把手搭到了我的肩上。路看到了这些，他把我从马克卢普身边拽了过去。"我不希望你跟他说话，"他说道，"我不希望你再跟他说话了。"他情绪十分激动，甚至吓到了我，于是我给马克卢普做了个手势，然后就待在了路的身后。我们回到自己的房间后，我发现路是真的对马克卢普很不满。"他参加过我在维也纳办的研讨班，"路说道，"他了解一切，知道的比他们都多，他肯定知道自己现在在做些什么。"

让路忘记这些并同意再跟马克卢普见面，对我来说并非易事。马克卢普可能在思想上有了转变，但他对自己挚爱的老师的敬爱之心从未变过。两年后，当他和他妻子米特齐来我们家里喝茶的时候，路其实早已既往不咎。他们又和好如初了。

更有趣的是阿尔贝特·哈恩博士在一次朝圣山会议上跟我说的逸事。"前几天，"哈恩说，"有人问我'哈伯勒跟米塞斯之间真正的区别是什么？他们都来自奥地利，毕业于同一所大学，而且属于同一个思想流派'。我回答道：'哈伯勒说，要想理解一切，就要宽恕一切（Tout comprendre c'est tout pardonner）。米塞斯说，要想理解一切，就要绝不宽恕一切（Tout comprendre c'est rien pardonner）。'"随后他补充道："对于其他一些经济学家，你可能会说，如果什么都不理解，那么你就什么都宽恕不了（Rien comprendre c'est rien pardonner）。"

1953年的朝圣山会议在瑞士的塞利斯贝格召开，其间霍华德·皮尤的妻子邀我上午跟她一起去购物，我答应了。在谈话中她跟我说道："你知道吗，玛吉特，我本该生你丈夫的气的，不过我当然没有。"我问她："这是怎么回事，皮尤夫人，发生什么事了吗？"她回答道："那是在1949年，当时我十分想跟我丈夫一起坐船去游玩，而他最终也答应我了。几个月的时间里我一直期盼着这次旅行，因为我知道这两周我的丈夫会把注意力完全放在我身上。但是发生了什么呢？出发前的那天晚上，他出门买了本《人的行为》。我们上船后他就开始读起书来，这是那两周他最后的状态，返回纽约之前他一直在读书。我的这次旅行就这么结束了。"

在意大利都灵会议期间的某一天，我们受到意大利总统路易吉·伊诺第（他是路的同事和好朋友）的邀请，去拜访他的避暑别墅。跟往常一样,路先去参观了藏书室,看到众多熟悉的著名经济学家的名字,他感慨道:"能看到所有经济学家聚集在一个角落里,这样的机会是多么难得呀!"

在都灵的会议是由布鲁诺·莱昂尼安排的,他有段时间担任朝圣山学社的秘书长。莱昂尼是一位颇有天赋的学者和法学教授,是帕维亚大学政治学系的牵头人,并且在经济学、自由市场和人类自由的问题上和路持同样的观点。布鲁诺·莱昂尼在1967年11月被残忍地杀害,路深感这是一场莫大的悲剧。

1965年以后,路意识到继续参加朝圣山会议对他来说太吃力了。错过在日本的会议,让他感到特别遗憾,因为日本一所最重要的大学曾在他30岁出头的时候给他提供教职。他当时跟我保证,不会在没有我陪同的情况下去日本。现在,就算我们在一起也去不了了。

但是他之所以开始缺席朝圣山学社的会议,还有一个更重要的原因:他认为学社现在招收新成员的政策,跟学社最初制定的原则有了出入。

学社成员路过纽约,都会来拜访路:哈耶克、勒普克一家、吕夫、于诺、赫特、阿瑟和芭芭拉·谢菲尔德都是如此。他们时常在我们家继续他们的讨论。

丽贝卡·韦斯特(Rebecca West)和她的丈夫亨利·

马克斯韦尔·安德鲁斯（Henry Maxwell Andrews）也会来拜访我们。我当时并不知道，她的儿子——作家安东尼·韦斯特（Anthony West）管 H. G. 威尔斯（H.G. Wells）叫爸爸。我只知道不能当着丽贝卡的面谈论威尔斯。我几乎读过丽贝卡写的所有书，我认为她关于纽伦堡审判的报道是我所知道的最优秀的新闻报道。我十分钦佩她，她有着无以言表的魅力，举手投足之间都有着优雅的女性风范。坦白说，我之所以这么喜欢她，还有一个重要原因——她对路有着坦率而诚挚的尊敬。

在所有朝圣山学社的成员中，最常与我们见面的是弗雷德里克·尼迈耶（Frederick Nymeyer），他住在芝加哥，是路的思想的热情而有活力的追随者。弗雷德·尼迈耶最早在 1946 年开始给路写信，当时他还是许多大型企业的商业顾问，时常出差。熟读了路的著作后，尼迈耶的人生发生了转变。1951 年 1 月 12 日，他给路写信说："如您所知，我已经决定到出版业'一试身手'，而且让我感兴趣的是庞巴维克。如果够幸运的话，我将致力于做进一步的努力，把您和您学派的同道的整个思想框架呈现给这个国家的人民。"

他的新事业的起点是为路的一场演讲而奔走。这场演讲于 1950 年 4 月 18 日在纽约大学俱乐部举行，题目是《通往社会主义的中间道路政策》。讲稿后来刊登在1950年5月4日的《财政与商业编年史》(*Financial and Commercial Chronicle*)上，但路并不赞同期刊为该文所选的标题。尼迈耶发出了几百封信和带有原标题的演讲稿手册，目的是唤醒大众警惕干预主义带来的危险。不过，尼迈耶最初的伟大事业——庞巴维克的《资本与利益》(*Capital and Interest*)翻译本的出版，促成了自由至上主义出版社在伊利诺伊州的南荷兰的建立。路给他推荐了理想的译者汉斯·森霍尔茨和乔治·赫尼克。

路和弗雷德·尼迈耶通信频繁，所谈内容详细，话题广泛。在20世纪50年代，尼迈耶每个月固定来一次纽约，每次都会带我们外出就餐，这样他就可以和路安静地促膝长谈。像他这样的绅士，会打的士把我们送到家门口，然后亲眼见到我们安全进屋才放心。路1973年9月住院的时候，弗雷德·尼迈耶几乎每天都给我写信，说些温暖的话鼓励我。就像路一样，他也从不谈论自己的感受。

1948年，在伦纳德·里德和拉里·费尔蒂希的交涉下，沃尔克基金会同意资助路在纽约大学的研讨班。沃尔克基金会的会长H.W.卢诺，以及跟他共事多年的科尔努尼兄弟，都对路的思想和教学很感兴趣。除了资助路在纽约大学的研讨班之外，基金会还给路安排了其他的研讨会。得益于他们的帮助，1952 年在加利福尼亚的研讨会，1954 年 6 月在印第安纳州的瓦巴什学院发起的经济学与自由会议，以及 1956 年在北卡罗来纳州的教堂山的研讨会，才得以成功举办。基金会还帮助路取得了一本由路易·博丹（Louis Baudin）教授（他在秘鲁度过了自己的童年，他的父亲是那里的法国外交官）翻译和出版的书。这本书原名是《印加的社会主义帝国》(*L'Empire Socialiste des Incas*)，5 年后则由范·诺斯特兰出版社以《一个社会主义帝国：秘鲁的印加文明》(*A Socialist Empire: The Incas of Peru*) 为名出版。路认为这本书很有价值，为了出版它，他花了很多时间和精力，并为该书写了序。

1964 年，沃尔克基金会不复存在了。但在其他基金会的帮助下，自 1952 年就加入了纽约大学理事会的拉里·费尔蒂希让路的研讨班延续到了 1969 年。

1949 年 9 月 14 日，这一天应当是路生命中的"胜利日"，因为《人的行为》在这一天出版了。尽管当时我们在伯克郡，跟往常一样每天远足和观光，但我们都感受到了这件事的重要性。自《人的行为》出版以来的这些年里，路总是把这本书放在自己身边。他几乎每天都会拿起这本书，一会读读这里，一会又看看那里。一般只有在演讲和办讲座之前他才会这样做。我是很懂他的，但这件事让我很纳闷，因为路的记忆力那么好，他应该记得自己写的每句话才对呀。

对此我一直百思不得其解。人们可能会问："你为什么不问问他本人呢？"我不能这样。每个人心中都会有一处精神保留地，极为神圣，他人不应触碰，即使是婚姻伴侣也不行。一个在错误时间提出来的问题可能会意味着越界，这应当尽量避免。然而，在 25 年的时间里，我试着寻找路不断重读自己著作的原因。这不是因为虚荣或骄傲，路十分谦逊，肯定不会这样。而且他从不在别人面前读自己的书，但跟我在一起的时候则不同了，我是他的一部分，就像是他的眼睛、嘴巴和双手一样。

1950 年 1 月，汉斯·凯尔森教授在纽约病倒了。他给我们打了电话，于是我们去罗斯福医院看望他。在交谈中，他告诉路："你知道吗，米塞斯，有件事困扰我一整天了。""是什么事呢？"路问道。"就是在你去世后，奥地利人将会在传记里把你当作他们的人。"

1950 年，在佩德罗·贝尔特兰（Pedro Beltran）的邀请下，我和路去了秘鲁。这场讲座之旅由中央储蓄银行（Banco Central de Reserva）赞助，当时佩德罗是该银行的董事会主席。佩德罗·贝尔特兰在当年晚些时候反对干预自由选举的政府政策，他自己也知道，自己的行为可能会使他失去银行的职位。于是他推迟了给路写信，我们当时也不知道这次能否成行。最后在1950年3月16日，佩德罗终于能给路写信了，并确认邀请是在3月31日，路将会在国立圣马科斯利马大学做题为《经济联合的计划》的讲座。

在秘鲁的这两周很惊险，因为佩德罗·贝尔特兰在1950年4月8日被迫辞去了中央储蓄银行董事会主席的职位。路那段时间也承受着巨大的压力。除了固定的讲课外，他还必须出席许多官方午宴，见很多不认识的人，回答很多问题，并频繁接受报社采访。除此之外，我们还游览了利马和周边所有值得一看的地方。最后，我们都筋疲力尽，很想返回纽约。不过，回到纽约两天后，路就在纽约大学俱乐部做了演讲，题目是《中间道路政策的经济学》。

在此前和后来的许多个夏天，我们都选择在奥地利的泽菲尔德度过，那里离因斯布鲁克很近。我们住在一个迷人的酒店里，它是战后在马歇尔计划的帮助下建造的。每个房间都有门廊，可以边吃早餐边欣赏奥地利阿尔卑斯山的美景。我们可以乘缆梯到300米高的葛什旺德托夫山，山上有一间餐馆和一个日光露台。我们通常走路返回。有些日子里，我们也会去1300米高的维尔德莫斯山。在广阔而葱绿的草地上，映入眼帘的只有牛群，它们不停地在吃牧草。牧牛的是一个美丽的小女孩，非常友善、健谈，她说自己从不感到孤单！泽菲尔德可供选择的地方很多，我们每天都去不同的地方远足。但是随后几年，这个地方变得很拥挤，游客泛滥成灾，我们就不喜欢去那里了。交通变得很拥堵，甚至过马路都很危险。有一天路跟我建议说："只有你跟在一个推着婴儿车的妇女，或者是神父后面的时候，你才能过马路。因为只有在这两种情况下你才不会发生什么意外。"

1953年，在泽菲尔德待了几周后，我们离开因斯布鲁克，乘火车去了罗马。售票员说火车会在晚上9点到维罗纳，并在那里停1个小时15分钟。路说："这样我们就有时间进市区，去看看罗密欧和朱丽叶生活过的地方。"我对此很吃惊，我从来不敢这样做，因为担心会错过火车。

到了维罗纳之后，售票员帮我们锁上了隔间。跟往常一样，我们坐巴士去市中心。我们不仅参观了凯普莱特家族的房子，还去了布雷拉广场（"中枢"）以及著名的露天竞技场。所有的咖啡馆都人满为患，人们坐在街边，喝着白苦艾酒或者是一小杯浓香黑咖啡。一群人从电影

米塞斯在奥地利远足

1961年7月在泽菲尔德，哈耶克拜访米塞斯

院里蜂拥而出，街道顿时变得更加拥挤了，这让我开始有点担忧。于是路拦了一辆的士，我们这才得以及时赶回火车和那位友好的售票员那里。火车开了一整夜，第二天早上，我们在一片浓雾中抵达了罗马。

我们住在维勒酒店，离圣三一广场只有1分钟的路程。广场上有一座迷人的教堂，还有漂亮的宽阶梯通往西班牙广场的巴卡奇亚喷泉。无论在哪儿，我们都能看到卖花的妇女。

路是个很棒的向导。他以前来过罗马，所以他带我参观，给我一一讲解。我们去了万神殿，还参观了翁贝托国王、埃马努埃莱二世和拉斐尔的陵墓。

8月24日，路去见了伊诺第。晚上，我们在卡尔洛宫殿吃晚餐，那是个很高雅的地方，时常会有身着盛装的人出入。我觉得特别有趣的是，女厕所里居然还有坐浴盆！

第二天，我们走路去游览教皇的夏季行宫——冈多菲堡，途经安齐奥滩头，我此前一直不知道它离罗马这么近。晚上我们在阿尔弗雷多宫殿吃晚餐，这是每一个到罗马的游客的必备项目。这里的招牌菜是意大利面和通心粉。老板亲自准备材料，调好拌酱，并用金勺和金叉敲打它们。在这个令人印象深刻的仪式完成之后，侍者才能把各份拿给每个人。

晚上我们走回酒店,路过了奥古斯都广场,月光下的奥古斯都墓十分漂亮。我们沿着科尔索大街走过罗马人民广场,然后回到西班牙广场,在那里爬了132级阶梯才回到酒店旁边的小教堂。

8月27日那天下起了倾盆大雨,我们出不了酒店。雨水冲垮了梵蒂冈的部分城墙,电灯和电话停止服务,邮局也被淹了。下午的时候终于可以外出,当时街上的商店和每间房子的窗户里都点着蜡烛,这让穿梭在罗马狭窄街道上的我们,多少觉得自己就像是来到了一个偏僻小镇。

有一天我们去参观了美国图书馆。当时的美国驻意大利大使是克莱尔·布斯·鲁斯夫人。路很震惊:书架上连一本自由主义者写的书都没有!

我们在罗马待了两周,如果路的身体能更好一点的话,这本应该是我们最快乐也最美妙的旅行之一。但他一直在犯胃病,我担心得寝食难安。直到一年后的另一个讲学之旅中,我才知道路当时到底是怎么了。

路总是在工作,但当吉塔(当时她还在纽约生活)带着她的小儿子克里斯来看我们的时候,他从不会觉得自己被打扰。克里斯和路的关系很亲密,经常冲进路的

1958年，玛吉特、米塞斯和外孙克里斯

1964年，玛吉特、米塞斯和吉塔（左）在坎特伯雷

书房。他觉得最好玩的玩具就是路的书架梯，他会在梯子上连着爬上爬下大概20次。路紧紧盯着他，张开手抱着他，两人都玩得十分开心。然后路会拿出一本关于外国城市的图画书讲给他听，直到我进来把克里斯带走，因为我知道路需要时间独处。路偶尔也会放下工作，带克里斯去大都会博物馆，去看这位小男孩感兴趣的盔甲和其他藏品。

几年后我们去游览伦敦，当时克里斯是坎特伯雷国王学院的寄宿生。学校在放假前一天，邀请家长来观看学生们表演《麦克白》。唐和吉塔决定我们一起开车过去，这样既可以看表演又能游览美丽的大教堂。我们的到来让克里斯喜出望外。我们问他在《麦克白》中扮演什么角色，他骄傲地回答道："我演一位骑士！"路和我都很担心自己能否在所有士兵中认出这位骑士，但我们真的找到他了。他红润的双颊上粘着大胡子，脚上穿着一双大长靴，手上则拿着一个像是武器的东西。有趣的不光是能看着他表演，看着英语老师用聪明的方法带着这些小演员出演莎士比亚的戏剧也很好玩，听着他们纯正的英语发音也是一种享受。

演出结束后我们见到了克里斯，他还戴着胡子穿着长靴，我们计划第二天开车带他一起回家。第二天早上再见他时,他还穿着长靴。他自己脱不下来,只能穿着睡觉,等他父亲来帮他。

后来时常让我疑惑的是,为什么路不跟克里斯讨论严肃的问题。有一次我问了他,而路说道:"我不想影响到他。时机成熟的时候,他自己会来问我问题的。"

1954年,在沃尔克基金会的帮助下,瓦伯西学院筹办了"经济与自由会议"。路跟苏黎世的弗里德里希·奥古斯特·卢茨(Friedrich August Lutz)教授,以及伦敦大学的乔治·威廉·基顿(George William Keeton)教授一起登台。路的演讲题目是"市场与储蓄的作用"。我们驱车870英里到达印第安纳州的弗伦奇利克,路在6月15日第一次登台讲课。

那个夏天我记忆犹新,因为我们到达印第安纳州的第二天,路就得了重病。我连夜打电话叫医生。医生不得不给路开了吗啡来缓解疼痛。第二天路仍坚持发言,结果再次疼痛难忍。我们后来才得知,他的胆囊炎又犯了。弗雷德·尼迈耶听说路的病情后,从芝加哥坐飞机赶过来,希望能在必要的时候提供帮助。路不顾疼痛和药物治疗,每天坚持发言,发言结束后就必须立即躺到床上。这对他来说是一种折磨,而对我来说,开车回纽约也是一个严峻的考验。回到纽约后,花了很多时间,进行了很多医疗咨询，路才能够到哈克尼斯馆做手术。

路的医生大卫·哈比夫（David Habif）不仅是一位一流的外科医生，也是一个出色的心理医生，一个温暖而富有感情的人。现如今人们时常说医患关系变了，医生受到了越来越多的指责。为他们辩护不是我的任务，不过我必须要说，哈比夫医生赢得了我和路深深的尊敬。

路从来就不是个让人省心的病人。住院意味着受到限制，但他在精神上不肯接受。手术后的第三天哈比夫医生就注意到，只有在我陪着的时候路才会保持安静。他调开了私人护士，并要求护士长教我如何给路做所有的护理。哈比夫医生每天做手术前都会亲自来看路，晚上离开医院时再过来看一次。我记得有一天晚上，天气湿热，路浑身是汗。这时哈比夫医生进来了，他给路做了检查，然后一言不发地走到抽屉前，也没有叫护士帮忙，自己拿出一件干净的睡袍给路换上。

路恢复得很慢。他在医院住了三个星期后，哈比夫医生跟我说道："我希望你明天能把你丈夫接回家。"

我说道："医生，这怎么行呢？他还很虚弱啊！"医生回答说："放心吧，你能做到所需要的一切。你先把他接回家待一周，无论他想不想下床，你都打包好所有东西，开车带他到波科诺山。我向你保证，不出两三天他就会好了。"

我按照医生的建议做了,就像是奇迹一样,这真的奏效了。回到乡村的第二天,路就开始走路了,一周后他就完全恢复了,甚至比以前感觉还好。

在病后的几个月里,路仍未停止写作。他给《自由人》(*The Freeman*)和霍华德·E. 克什纳(Howard E. Kershner)的《基督教经济学》(*Christian Economics*)写了文章(克什纳一直没能从路这里收到足够多的稿件);他还给远在法兰克福的朋友福尔克马尔·穆特修斯(Volkmar Muthesius)博士创办的月刊《政治经济自由》(*Freiheitliche Wirtschaftspolitik*,路认为该杂志对自由思想有着突出贡献)写了几篇德语文章。

1961年,路在《国外的自由代言人》一文中(1961年3月的《自由人》),对穆特修斯博士有如下赞誉:

> 20世纪上半叶在德国发生的大灾难,是德国政治和经济政策所造成的不可避免的后果。如果有人能旗帜鲜明地抵抗政府政策的致命转变,那么这一切本来是可以避免的,或者至少能让灾难的破坏力小很多。但是,无论是俾斯麦的时代,还是后来的鲁登道夫和希特勒时代,德国的典型特征一以贯之。

没有人批判干预主义的经济政策,更不要说通货膨胀政策了。伟大的英国经济学家埃德温·坎南(Edwin Cannan)曾写道,如果有人很冒昧地问他,他在大战中做过什么,那么他会这样回答:"我抵抗过。"德国的困境在于,无论是在1918年和约之前还是之后,都没有人站出来反对德国的货币和财政管理部门的愚蠢行为。在1923年之前,没有一份报纸或杂志提到过,为了应对马克购买力的迅速下跌,纸币印刷的数量正在无休止地增长。如果一个人不接受把这种现象归咎于盟国政策和《凡尔赛和约》的"爱国"解释,那么他就会被看作是"非德国"的。

就此而言,德国现在的状况确实有所改变。今天,德国至少有一份月刊,它有勇气和洞见来对政府的经济社会政策,以及众多政党和施压集团的目标,做出独立的判断。这就是《政治经济自由》,它由福尔克马尔·穆特修斯博士主编,并由法兰克福的弗里茨·克纳普·费拉格出版社出版。主编会在刊物上刊登出色的文章,而一个精挑细选的编著团队则对当前的经济和社会条件的各方面做出分析。

在国内外事务上,穆特修斯博士和他的朋友们坚定地支持自由贸易。他们拒绝以牺牲绝大多数城市人口为代价，来换取少量的农业出口红利。他们敏锐地批判了工会把特权聚集在自己手上所带来的内在危险……他们更偏向于把阿登纳政权（一个社会民主党内阁）看作是唯一可能的替代方案，但并没有忽视总理颁布的政策的缺陷。他们还毫无畏惧地一次次重申，多亏了艾森豪威尔总统的政策，西柏林才能免受苏联的统治。

在他们（无论是帝国、社会民主党还是纳粹主义）横行的这片传统土地上，像这样一份公开且毫无保留地支持自由企业制度和市场经济的期刊，无疑意味着显著的进步。

穆特修斯因为他的经济学文章和编辑工作而为人们所熟知并广受赞誉。他是一位热情的歌德学者，而出生于魏玛的穆特修斯夫人是歌德家族的后代，也跟丈夫一样对歌德怀有浓厚兴趣。

除了前面提到的工作外，路还在审订耶鲁新版的《货币和信用理论》，而且他已经开始写一本新书——《反资本主义心态》，即将由范·诺斯特兰出版社出版。

由沃尔克基金会资助的另一个研讨会于1956年在北卡罗来纳州的教堂山举行。会议主题是"自由企业、自由和好社会"，时间是 9 月 5 日到 14 日，由路的一位老朋友克拉伦斯·F. 菲尔布鲁克（Clarence F. Philbrook）筹办。研讨会的受众主要是经济学家和其他学者。加利福尼亚大学的经济学教授阿芒·A. 阿尔钦，以及著名作家、巴黎经济学研究组织的主管伯纳德·德·茹弗内尔（Bertrand de Jouvenel），都参加了这次研讨会。路讲授的题目是"经济学的认识论难题"。

《反资本主义心态》于 1956 年问世之后，好评如潮。1956 年 10 月 19 日，大卫·劳伦斯在《美国新闻与世界报道》（*U.S. News and World Report*）上几乎全文刊载该书。路事先对此并不知情，我还记得我把邮件和杂志拿给他看的时候他有多吃惊。杂志的前页有一行标题："世界著名经济学家路德维希·冯·米塞斯为您揭示，'隐藏在战争背后的商业'。"

1956 年 12 月，路收到了范·诺斯特兰出版社寄来的一张纸条，上面写着："你可能会对铁幕背后的投资意向很感兴趣。"这张纸条是莫斯科一家书店的订货单。

提到苏联，也让我想起 1959 年的一件小插曲。《财富》杂志对纳坦·赖希（Nathan Reich）教授的讲座有过一篇评论，其中写道：

左翼乌托邦最激烈的反对者,是现居纽约的奥地利经济学家路德维希·冯·米塞斯。但是或许有那么一天,如果听取波兰国家计划委员会的首席顾问奥斯卡·兰格(Oscar Lange)教授的建议的话,共产主义者就会给他树一座碑。在1959年经济学教授纳坦·赖希给纽约亨特学院的年轻女士们开的讲座上,我们听说了兰格对冯·米塞斯有着颇具矛盾性的赞誉。"1922年,"赖希回忆道,"兰格已经失势5年,冯·米塞斯出版了一本对计划经济理论有着毁灭性打击的书。他在书中指出,计划经济理论找不到市场和价格机制的功能的合理替代物。他认为,如果一个经济体制想合理运行(即与消费者的自由选择相一致),那么它就必须有一个能不断快速地反映消费者偏好的机制。

"当寻常的计划经济政治家很轻蔑地将冯·米塞斯的挑战看作是又一个布尔乔亚经济学家的攻击时,兰格却对米塞斯挑战的中肯之处予以肯定。这尤其是因为,当时那些居于要津的新派分子在为新社会的自由市场寻找可行的替代方案时,只能无望地挣扎,他们在大量的关于计划经济的经典中都找不到这样的蓝图。

"就像一个为了社会主义而奋斗的忠诚战士一样，兰格接过了挑战。作为一位出色的教授，他坐下来写了一本书，他在书中试图调和消费者的选择自由与在计划经济体制国家整体规划下的其他市场经济特征。这一挑战本身迫使这位经济学家承认了问题，并在计划经济体制的经济活动方向的整个问题上下了更多功夫。通过把挑战摆在社会主义理论家的面前，米塞斯为社会主义也做出了有益的贡献。"

1956年，路获得了威廉·沃尔克杰出贡献奖，祝贺信纷至沓来。我用两个文件袋把全国各地的来信收集了起来。纽约大学的校长H. T. 希尔德在1956年6月21日来信说："看到你凭借作为学者和教师的杰出贡献，赢得了有1.5万美元奖金的威廉·沃尔克奖，我感到很开心。这一奖项认可了你在你的领域内的实际领导能力，当然也为纽约大学赢得更多的声誉。请接受我诚挚的祝贺。"

有一次我对路说："亲爱的路，你自己也不得不承认，你出名了。"他笑着回答道："只有其他学者时常在他们著作的页尾或页下引用某个作者的著作时，你才能肯定这位作者的重要性。"还有一次，他告诉我说："很显然，如果一个作者从一本书里摘抄，人们会说这是抄袭；如果他是从许多书里提取材料,那他就是在做研究。"

1955年的时候,格奥尔格·克特尔有了一个想法,想给后世留下路的一座半身雕像。他跟好朋友内莉·埃里克森(Nelly Erickson)说了这个想法,后者是一位雕塑家,主要跟木石打交道。格奥尔格看过她画的半身画像,觉得她会对这项工作很有热情。内莉对这一提议确实很热情,不过格奥尔格告诉她:"有一个问题,冯·米塞斯博士很忙,我必须先取得他的同意,看看他是否愿意。"

于是格奥尔格邀请内莉和路共进午餐,而内莉告诉路,她需要6天、每天1小时的时间来完成这项工作。路被吓到了,他说自己可能没办法分出这么多时间。但内莉一再坚持:"我会在你伏案工作的时候进行,完全不会打扰到你。"路最终同意了,一两天后他们开始了工作。她用棍子支起架子,放在书桌边上。她从不跟路说话,从不打扰他,而路实际上也从不摆姿势。但是有一天,为了用卡尺测量脸部尺寸,内莉只得走到离路很近的地方。路平时总是面色好看的脸,突然间变得通红起来。一个陌生女人离自己的脸这么近,还要触摸他,这让他十分尴尬。

他晚上回家跟我谈起这次"历险"的时候,我觉得有必要去见见这个女人,因为她在我丈夫身边待了这么久，而且为了工作还要触摸他的脸。于是，第二天我去路在加勒廷之家的办公室见了内莉，我们很快就成了挚友。我喜欢她，喜欢这个半身雕像，但我请她在头发上做一些改动，她照做了。半身雕像最终完成的时候，我丈夫一边赞许地打量，一边面带微笑，缓缓地说："很好……很好。"他显然很满意。内莉把半身雕像带回家继续打磨细节。她先在工作室里用石膏进行雕刻，然后拿到铸造厂通过蜡模铸造法用青铜来锻造，这种方法是许多个世纪以前希腊人用的方法，也是唯一能真正再现肖像的好办法。

在一个晚宴上，格奥尔格·克特尔把半身雕像赠送给了我丈夫。它摆在我们起居室的显眼位置，旁边总是放着一束新鲜的玫瑰或康乃馨。

路对著名的 J. B. 马修斯（J. B. Matthews）博士很感兴趣。在 20 世纪 50 年代和 60 年代早期，马修斯和妻子露丝时常邀请我们参加他们的聚会，会上聚集了很多保守派。在 20 世纪 30 年代，马修斯博士就已经成了一位"同路人"（这是他在成为反美活动内务委员会成员之后极力推广的术语）。在他一生的转折点上，马修斯给路写了一封动人的感谢信，感谢路的著作对自己的巨大影响。他与美国的平等主义和计划经济倾向不懈斗争，直至 1966

年去世。这么多年里,露丝成了我最好也最忠实的亲密朋友之一。

我们有很多交往了一辈子的挚友,西尔维斯特·彼得罗(Sylvester Petro,昵称"西尔")就是其中一个。他在纽约大学当了很多年的劳动法教授,现任北卡罗来纳州温斯顿-塞勒姆的维克森林大学劳动政策分析中心主任。我们经常见到西尔和他的妻子海伦,我记得很清楚,无论西尔住在哪里,他总是在工作——总想让自己工作室的墙壁变得隔音!

有一天我问西尔,他第一次见路是什么时候,又是怎么见到的。以下是他的回复:

> 我记得我和路第一次见面是在1951年或者1952年。见面的机缘是我给他写的一封有关《人的行为》的赞扬信。我在信中告诉他,我此前从未读过这样的书,而且认为它无疑当列入人类最伟大的著作之中……路身上吸引我的最主要的东西,是他那几乎超人般的品质,和他拥有的异常过人的才智、判断和智慧。我泛读过各方面的书,例如古典学、逻辑、哲学、认识论、法律、经济学、社会理论和政治等。尽管我涉猎广泛,路的著作仍从中脱颖而出,发出

在西尔维斯特·彼得罗家中：（左起）弗农·卡尔博纳里教授、米塞斯、大卫·彼得罗（后排）、格奥尔格·克特尔和山姆·彼得罗

米塞斯和西尔

耀眼的光芒。我此前读的书都无法跟它比肩。甚至是亚当·斯密的伟大著作《国富论》，跟路的著作比起来也有点粗糙、基础。读完《人的行为》之后，我读了所有能弄到手的路的著作。如果买不到，我就去借阅。说来很惭愧，我想自己甚至偷了一本，也就是说，我没有把书还给主人！

路跟西尔的关系十分好。1957年2月26日，西尔有其他重要事务要忙，路就到法学院给西尔代课，学生们都非常激动。

能体现路的影响力的又一个例子是安东尼·费雪（Anthony Fisher），后者在各地建立了经济研究机构，例如伦敦、温哥华、洛杉矶、阿姆斯特丹以及最近的纽约。"我全部的努力，"他有一次在信中跟我说道，"最初都源自路的教学、著作和活动。思想自有其影响。"

随着时间的推移，赞誉与钦羡接踵而至，如果路因此有所改变，也不会让人感到吃惊。但他一直没有变，他还是跟我第一次见到他时一样简朴而谦逊。有一天我跟他说："你对人类的兴趣是那么的少，只有历史才真正让你有兴趣。""那你就错啦，"他回答道，"对我而言，你的存在比以往的任何事都更重要。"是的，他确实爱着我。

《人的行为》和《反资本主义心态》由华金·雷格（Joaquin Reig），一位生活在马德里的律师，翻译成了西班牙语。在读过黑兹利特在《新闻周刊》（*Newsweek*）上写的一篇有关《人的行为》的文章后，雷格就立即跟路联系，并在德国卡塞尔的朝圣山会议期间第一次跟路私下会面。从那天起，基于对同一个理想的忠诚，他们建立起了温馨的友谊。

在1965年的斯特雷萨朝圣山会议期间，雷格有一次跟路谈及垄断和罗斯巴德的《人、经济与国家》（*Man, Economy and State*，出版于1962年）。雷格提醒路，罗斯巴德——路最有能力和最赞赏的学生之一——并不完全赞同他对垄断的分析。路的回应是："对于罗斯巴德在他研究中的每一句话，我都表示赞同。"

对此，雷格跟我说："说自己的学生揭示出自己观念上的一个不足，并且做得比自己好，路德维希·冯·米塞斯是多么宽宏大量啊，我对他的敬仰之情直冲霄汉！"

罗斯巴德成了奥地利学派的众多美国年轻追随者的领袖。在奥地利学派的追随者中，著名的还有让·皮埃尔·哈米里乌斯（卢森堡人，他是路的教义最得力的捍卫者之一，也是《朝圣山季刊》的主编），以及村田稔雄（日本人)、瓦尔特·E. 格林德（美国人）和乔治·罗奇（美国人）。

除了 4 次墨西哥之旅和飞去秘鲁之外，我们还去了阿根廷、危地马拉和哥斯达黎加。1959 年 6 月的布宜诺斯艾利斯之旅特别惊险，因为当时庇隆独裁政权刚倒台不久，整个国家处于政治动乱之中。我们 6 月 1 日到了那里，旅程花了 21 个小时，中间在加拉加斯停留了两个小时，去见我的儿子吉多。尽管已是午夜，布宜诺斯艾利斯机场仍然有正常的接待。不过也多亏了招待我们的阿尔贝托·贝内加斯 – 林奇（Alberto Benegas-Lynch）博士，一切都很顺利，下飞机一小时后我们就上床休息，一直睡到了第二天早上 10 点。

我们把第一天全部花在了观光上。交通状况让人难以置信，路上没有红绿灯，也没有交警。有一次碰到交通拥堵，一切瞬间乱了套。突然，一个男子跳出车子开始疏导交通。汽车一直往后退到一条岔路上，然后从岔路开走。要让秩序恢复一定要花上好几个小时。

路举办第一场讲座之前，阿根廷大学的校长查普曼为路筹备了接待会。巨大的演讲大厅里有两个房间，其中一个是为英语原声讲座准备的；而另一个房间里只能听到西班牙语翻译的声音。

1959年6月在布宜诺斯艾利斯,玛吉特为米塞斯拍了这张照片

米塞斯和贝内加斯-林奇

两个房间里都挤满了人，连站的地方都没有了。我很少看到路的演讲状态这么好，他声音浑厚，听众们安静地听着。路每三天做一次讲座，其他时间则排满了宴会和招待会。对于宴会上男女分开的阿根廷风俗，路很失望，因为这意味着我们下午或晚上都不会一起受邀出席活动。当这种情况第三次出现时，我跟阿尔贝托的妻子索菲亚·贝内加斯-林奇（后来我跟她很熟）抱怨了这件事，并解释说这种风俗在美国和欧洲都是闻所未闻的，而且路和我都不喜欢跟对方分开。第二天，在接下来的鸡尾酒宴会上，我受邀跟路一同参加，但被要求"不要跟其他人说"。除了女主人，我是在场唯一的女性。几年后，通过路的推荐，这些人也邀请了西尔维斯特·彼得罗和他的妻子。在那时一切都变了，男女不分开了，每次宴会海伦都会被邀请跟西尔一起出席。

路每次开讲座，房间都挤得满满的，主办方不得不为听众加开第三个房间。路谈了干预主义和资本主义，这些主题是教授和学生们多年来都不允许读的。如果那时有人胆敢像路一样攻击左翼思想，警察马上就会来抓他，集会也会被驱散。我曾建议贝内加斯-林奇给听众们展示路的著作，第二天，路的全部著作（无论是原版还是翻译版）就被整齐地摆在了玻璃柜里，贝内加斯-

林奇一天就把一切安排妥当了。他有着杰出的组织才能，如果有一个人对政治事务有天赋，那么这个人就是他了。

6月9日上午，在查普曼校长办公室的接待会之后，路在一个圆形教室里给教授们讲课。教室里有一种带桌子的小橱柜，此前这间教室属于医学院，那个圆桌是用来停放尸体的。路谈了经济计算，这一主题大多数左派经济学家都不喜欢。路如何能在这么多的讲座、鸡尾酒宴会和采访中保持活力，我不得不说这是一个奇迹。

我在布宜诺斯艾利斯最美好的记忆是在一个下午接到的电话，那是蕾娜特·勒普克打来的，她是威廉·勒普克的双胞胎女儿中的一个。她跟一位法裔农场主结婚了，我立即邀请他们来吃晚餐。上次见到蕾娜特还是1940年在日内瓦，当时我们正准备逃往美国。她那时只有14岁，如今已出落得亭亭玉立，神似著名女演员英格丽·褒曼，尤其是莞尔一笑的时候。她的丈夫身强体健，很是性感，让人感觉像是一个浪荡子，更喜欢在场的女性而非男性。人们可以感觉到两位年轻人之间的激情。我们用法语谈了很多，因为皮埃尔完全不会说英语。他们有私人飞机，从自己的农场飞过来用了两个小时左右。自那以后我再也没见过蕾娜特，我时常希望再见她一面。

有一天，贝内加斯-林奇派他的司机开车，让他的秘书——一位年轻的维也纳女孩带我们参观布宜诺斯艾利斯。我们去看了拉普拉塔河港口,这是一条很大的河,河的一边是乌拉圭,另一边是阿根廷,河面宽阔犹如海洋。我们还去看了贫民区,那里的棚屋都没有水,取水要到附近的井边。当天是星期天,人们穿戴整洁,但我看到男人们正在路上的雨水坑里,用香皂和小毛巾清洗自己。我们还注意到垃圾遍地都是,散发出一股难以形容的臭味。我们在 6 月 16 日离开了布宜诺斯艾利斯,回去的路上在加拉加斯跟我的儿子吉多待了三天。

路最后一次出国办讲座是在 1964 年,当时他受到了曼努埃尔·阿亚乌(Manuel Ayau)博士和他一群朋友的邀请。11 月 16 日,我们去了迈阿密,从那里开始了哥斯达黎加和危地马拉之旅。跟往常一样,我们晚上坐巴士穿过这座城市。第二天早上,我们在机场跟森霍尔茨一家碰头,吃过早餐后,就跟他们一起坐飞机去了哥斯达黎加的首都圣何塞,在那里的格兰德酒店我们很荣幸地受到了高规格的接待。哥斯达黎加的接待方是国家经济建设协会(Associacion Nacional de Fomento Economico)。阿亚乌博士从危地马拉过来,向大家介绍路和汉斯·森霍尔茨,后者第一场讲座用的是西班牙语,但后来很明智地决定还是用更易于接受的英语来讲。他们两人各自做了3场讲座，会场给每个人都准备了麦克风、耳机和翻译机。但在路做第3场讲座的时候，电力系统临时出了故障，主持会议的哲学系主任就向现场的热心听众逐段翻译了路的讲座。

11月20日，我们去了危地马拉。阿亚乌博士也为危地马拉做了蒙特斯·德奥卡、贝拉斯科和纳瓦罗曾为墨西哥做过的一切。1964年，路和森霍尔茨在危地马拉城的一间小会议室里办了讲座。几年前，阿亚乌就开始向公众介绍路和其他自由主义者的著作。他打印和邮寄了许多传单和小册子，随着人们的兴趣不断加深，他竟然能够于1971年在朋友的帮助下自建了一所大学。他以16世纪的一位提倡自由教育的教师——弗朗西斯科·马洛京（Francesco Marroquin）的名字来给大学命名。校长阿亚乌认为自己的毕生使命就是要在祖国教授自由社会的经济学，而且他追随这一目标的热情和耐心从未改变过。大学图书馆是以路来命名的，而且有好几个教授是路以前的学生。如同亨利·亚当斯（Henry Adams）说的："一个教师的功绩是不朽的，他永远也不知道自己的影响会在何处停止。"

1975年4月，马洛京大学举办了首届毕业典礼。有8位学生毕业，他们给学校捐赠了一座路的半身铜像，我受邀去为其揭幕。《反资本主义心态》和《人的行为》的西班牙语译者——我们的朋友华金·雷格因其杰出的工作和对自由的热爱而被授予了荣誉博士学位。这一切都发生在中美洲的一个小国家的城市里，而且这里已经有4所大学了！

我想起了在危地马拉的时候，阿亚乌博士跟我说过的一件事。他记得，在1964年我们到过危地马拉之后不久，他曾邀请戈特弗里德·哈伯勒来办几场讲座。哈伯勒要1000美元的报酬。阿亚乌回答道："你怎么会要1000美元呢，要知道冯·米塞斯教授才要600美元啊！"哈伯勒回应道："如果米塞斯只要600美元，那我也一个价吧。"

多年前我们通过拉里·费尔蒂希认识了罗伯特·莫里斯（Robert Morris），他是参议员司法委员会下属的国内安全小组委员会的法律顾问。后来他去了得克萨斯州，跟家人在那里定居。1964年，他在达拉斯市中心以北20英里的地方建立了一所人文学院——普莱诺大学。由于建筑还没有完全竣工，第一个学期的课是在达拉斯上的。莫里斯请路来达拉斯做一些客座讲座，作为经济学课程的开始，之后再由路所推荐的珀西·格里夫斯接着上课。第一学年，也就是1965年，路做了两场讲座。我查阅了他所做的为数不多的笔记。第一个讲座讲的是资本主义的起源、生产要素的私有制与公有制之间的矛盾，以及发展中国家。第二个讲座则跟学生们讲了体制是如何运行的，以及资本短缺意味着什么。他还讲了通货膨胀的危害，其中一则笔记中写道："过去的大富豪现在成了普通人。"

跟往常一样，讲座之后有一个提问环节，路把青年学生们写的问题都保存了下来。其中一些问题很有趣：鉴于大多数发展中国家都是计划经济体制，在世界范围内如何确保国外投资的安全呢？您认为是否有可能再次爆发跟1929年大萧条一样严重的经济崩溃呢？路在1965年一定是清楚无疑地跟学生们讲明了通货膨胀的危害。

我们在1966年、1967年和1969年又去了普莱诺大学。有时候珀西·格里夫斯会跟我们同行，有时候他会到得晚一些，但他总会接着上路的课程。

有一天我给路看了一本杂志上的小故事，报道里说现在很多应召女郎都是女大学生。路评论道："这对她们的职业而言是一种提升，却使大学蒙羞。"

路曾经跟我谈到一位教授，他在做讲座期间老盯着同一个人看。有人问他为何这么做，他说："在我开始讲座之前，我会找到那个我认为最不聪明的人的脸。当我看到他的脸上浮现出理解和感兴趣的神情，那就表明我讲这个主题的方法是正确的。"

多年以来，路以各种方式为人们所认可和尊敬。奥地利——他如此深爱着这个国家，以致无法摆脱也无法忘怀他曾受到的刺痛和伤害；奥地利——这个他出生的国家，1956年通过维也纳大学法律与政治学系主任给路发了一份羊皮纸通知，重新授予他1906年的博士学位。据系主任在信中所说，这是只有那些最有价值的奥地利博士学位获得者才会得到的殊荣：

亲爱的同事：

可能你已经知道了，奥地利的大学通常会褒奖那些在科学研究和公众生活中做出突出贡献的博士：在他们毕业50年后，他们会重新获得自己的博士学位。你已经满足了获此殊荣的全部条件，因为你是那些通过自己的杰出业绩提升奥地利学术威望（尤其是在国外）的学者之一。你在经济学认识论、货币理论和政治学领域出版的著作已经使你在国际科学界获得了广泛认可。而且，你在维也纳商会担任了几十年的领导职位，你的功绩也将被铭记。

因此，法律和政治学系让我来通知你，将重新授予你博士学位，并让我转达对你个人幸福和未来科研工作的最美好的祝愿。

路重获博士学位的事情，也让许多朋友有了合适的机会来向他致敬。除了《自由和自由企业》这本纪念文集（由玛丽·森霍尔茨主编，里面有19个他最著名的同事和朋友的文稿）之外，还有伦纳德·里德在纽约大学俱乐部安排的一次宴会。1956年3月的那个晚宴很盛大，里德、马克卢普和哈耶克都做了非常精彩的演讲。哈耶克事先就知道了维也纳大学将会颁发给路这一殊荣，认为这次宴会是告诉路和宾客们的一个好时机（参见附录二）。

1957年6月8日，格罗夫城学院在第77届毕业典礼上授予路荣誉法学博士学位。这所由霍华德·皮尤资助的学院，在汉斯·森霍尔茨和他妻子玛丽的帮助下，安排了一场向路致敬的特殊典礼。我们在朋友和祝福者的簇拥下，在格罗夫城学院度过了难忘的几天。

1961年，路步入八十高龄，《华尔街日报》以威廉·亨利·张伯伦（William Henry Chamberlin）的一篇出色的社论向路致敬：

> 出生于奥地利的路德维希·冯·米塞斯在美国

米塞斯获得维也纳大学博士学位50周年庆典上。上图：哈耶克和米塞斯。下图：米塞斯为马克卢普在文集上签名

米塞斯获得维也纳大学博士学位50周年庆典上：（左起）玛吉特、马克卢普、米塞斯、玛丽·森霍尔茨

定居了很长时间,他在自己的80岁生日上收到了许多敬意……

这些敬意不只有对他身为博学的经济学家与具有非凡才能和魅力的教师的称赞。因为冯·米塞斯已经成了一部福音、一面旗帜,以及让那些相信自由市场经济比国家干涉主义和集体主义计划更优越的人团结在一起的号召力量……

……在这样一个时代,集体主义已经违背了如此多的经济原则。但令人感到欣慰的是,有这样一个人,他基于对经济学历史和理论的非凡知识,坚定地反对说:"不。拒绝自由市场的自动评价作用,以及健全货币背景下价格的自由模式,将导向一场混乱。政府通过干预自由市场可能会解决两三个问题,但它可能会产生更多更严重的问题。"

以下是这位年过八旬,但对工作和生活依然保持年轻心态和新鲜感的经济学家,代表自己所说的话,这些话节选自他的演讲稿和著作:

"可选择的方案并不是只有'有计划'和'无计划'两种。问题在于这是'谁'的计划。应当是由社会中的每个人自己来做计划,还是说单独让一个仁慈的政府来为所有人做计划?"

"放任自由意味着让个人自由选择如何在社会劳动分工中进行合作，让消费者决定企业家应该去生产什么。"

"如果生产的控制权从企业家（他们每天根据消费者的公平选择来修正自身），转移到了工人的最高指挥者那里，或是转到那些'武装了的普罗阶级'那里，那么无论是代议制政府还是个人权利，都将荡然无存。那些自封的理想主义者坚决反对的华尔街，只是一个象征性符号，但他们监狱的高墙却是铁一般的事实，在里面所有反对者都会永远消失。"

冯·米塞斯已经成了他的事业的一部具有说服力的福音书，这项事业在19世纪会被称为自由主义，而在20世纪则被更准确地称为保守主义。

他是朝圣山学社最有影响力的成员之一，这个组织是由经济学家、政治学家、历史学家和记者于1947年共同组建的一个国际协会，它的原则是强调自由不可缺少的本质部分，以及自由经济、自由社会与自由生活方式之间不可分割的关联。

威廉·勒普克，著名的德国经济学家（现定居于瑞士），写了许多著作讨论一种自由经济的基础。他现在担任朝圣山学社的理事长，他在冯·米塞斯

80岁生日时祝贺道：

"借此机会我要强调，第一次世界大战让大部分人感染了思想病毒，而我非常感谢路德维希·冯·米塞斯，他让我很早就拥有了对这种病毒的免疫力。"

出生于奥地利的哈佛大学教授戈特弗里德·哈伯勒说，自己和后来的其他年轻学者从路战前在维也纳办的研讨班中受到了少有的鼓舞。首先会有几个小时的严肃讨论，然后参与者会转移到一家著名的意大利餐厅。最后一场会在一家有名的维也纳咖啡馆里进行，一直持续到凌晨1点。然而第二天早上，冯·米塞斯会精神抖擞，9点准时出现在办公室里……

而且跟他多年前在祖国的维也纳时一样，他在纽约大学和其他美国的讨论会上仍旧热情地表达自己的观点。

为了祝贺他，路的朋友们为他准备了一场寿宴，这次由拉里·费尔蒂希筹办，地点是在纽约大学俱乐部。出席的客人大概有200人。哈耶克担任晚宴主持，贝蒂娜·比恩送给路一份特殊的礼物：一本皮面装订的目录，她在里面记录了路的工作经历。朝圣山学社的《朝圣山季刊》出版了一期特刊献给路，主编是于诺，里面有黑兹利特、费尔蒂希、于诺、菲利克斯·考夫曼和勒普克的文章。

1962年，奥地利授予路另一个荣誉。根据1962年10月31日的一则奥地利的通知单："奥地利驻美国大使维尔弗里德·普拉策先生，代表奥地利联邦总统阿道夫·沙夫，授予路德维希·冯·米塞斯博士奥地利科学与艺术荣誉勋章（Oesterreichisches Ehrenzeichen fuer Wissenschaft und Kunst）。这一奖章表达了奥地利对她的子民的感谢，感谢他作为学者和教师的杰出活动，以及他在政治学和经济学领域举世闻名的研究。"

普拉策大使邀请我们到华盛顿参加一场午宴，到场的还有很多我们的朋友和路以前的学生。荣誉奖章是奥地利所能够授予"她的子民"的最高奖项。不过这一奖项只是"借给"获奖人的，因为领奖的同时路也收到了一个书面要求，他去世后奖章要归还给奥地利。

1963年，纽约大学授予路荣誉法学博士学位，《华尔街日报》有如下报道：

> 在这个月颁发的所有学术荣誉中，有一项尤其值得我们注意。这就是纽约大学授予路德维希·冯·米塞斯的荣誉，米塞斯出生于奥地利，很久以

1962年，米塞斯被授予奥地利科学与艺术荣誉勋章

1962年，玛吉特和米塞斯在雅典卫城

前来到了美国，现在已经八十岁高龄。以下引文能够向我们解释他获此荣誉的原因：

"作为著作等身的作者，他的主要著作被视为经济学思想中的经典。在他这个年纪，他以最强有力的头脑来研究自己的主题，并以哲学良心和科学完整性为这一主题整理出了一种罕见的秩序……

"他是一位雄辩的学者，是学者中的学者，而且他思想的力量通过他所训练和影响过的杰出经济学家们而倍增。由于他渊博的学识，他对自由市场的哲学阐释，以及他对自由社会的辩护，我们在此授予他荣誉法学博士学位。"

我们无意去猜测，这一荣誉学位的授予能在多大程度上揭示出当今美国的学术氛围。不过，在这个监管逐渐无孔不入的时代，特别关注一下冯·米塞斯的哲学是很有趣的。因为他最伟大的贡献在于，他揭示了集体经济或其他名目的计划经济并不能提出一个合理的方案，来取代自由市场的作用。不仅如此，他还揭示了自由市场与自由社会两者是不可分的。

在此意义上，冯·米塞斯不仅是经济哲学的拥护者，也是人类潜能的支持者。

1964年7月,我们坐飞机经由伦敦去了德国的弗莱堡,哈耶克在机场迎接我们。7月27日,路从弗莱堡大学的校长李特纳那里接过了荣誉政治学博士学位,并在当晚做获奖演说。那是一场友好亲切的典礼,接下来的几天,哈耶克带我们参观了这个古老的城市。跟往常一样,路对图书馆特别感兴趣,这里的图书馆有2.8万册藏书,由一位93岁的老图书管理员小心翼翼地看守着。我们跟伊迪丝·奥伊肯共度了一晚,她是著名经济学家、路的好朋友瓦尔特·奥伊肯的遗孀。奥伊肯夫人凭借自己的努力成了一名学者,路曾把她称为"朝圣山学社的杰奎琳·肯尼迪",因为她的穿着总是特别有品位。

回想起来,路对所获得的种种荣誉并没有表现出过分的激动、开心和满足。他有时感到高兴,也只是因为我表现得很开心。我知道这些荣誉都是他应得的,因此我从不掩饰自己的喜悦之情。

1967年,路受邀去维也纳参加奥地利商业周期研究所(Austrian Institute of Business Cycle Research)的40周年纪念会,它以前叫"商业研究所"(Institut für Konjunkturforschung),是路在1927年创立的。但是路没法出席。他以前的5位学生出席了典礼:哈耶克、摩根斯坦、哈伯勒、马克卢普和廷特纳等5位教授。现任所长弗兰茨·内姆沙克教授送给路一本小册子,上面写道:"如果您看到这本书,我希望您的'孩子'在最近 30 年的发展壮大能让您感到开心和满意。我们对您,研究所的奠基人,致以最崇高的谢意。您将和您的创造物一起长存于世!"

1969 年 3 月 15 日,路收到了后来的美国经济学会会长威廉·费尔纳(William Fellner)博士的一封信:

> 亲爱的米塞斯教授:
>
> 我很高兴地通知您,美国经济学会的提名委员会已经提名您为杰出学者。作为评审团,提名委员会与执行委员会已经达成一致,将在 3 月 7 日选举您作为这一荣誉奖项的获得者。
>
> 杰出人士奖是协会在 1965 年创立的,每年会从美国或加拿大的杰出经济学家中选出不多于两位学者,授予其该奖项。

信中还有对路的工作的褒奖。我拥抱了路,对他表示祝贺,问他对这份殊荣有何感想。他回答说:"如果它让你高兴,那么我也高兴。"

在路永远地离开我之后 9 个月,我打开他的书桌,在他的手稿中找到了一封已经贴好邮票并签好名的信,收件人是美国经济学会的会长威廉·J. 费尔纳教授，日期是 1969 年 3 月 20 日。信中说道：

> 亲爱的费尔纳教授：
> 　　对于被选为学会杰出人士这一巨大荣誉，我衷心地感谢你和经济学会的所有成员。祝学会和诸位成员在将来的活动中一切顺利！

我把这封只有寥寥数语的信转交给了费尔纳教授。他十分感谢我，跟我说了一些贴心的话。

至于路为何会忘记或没有把这封信寄出去，我就无从得知了。

第十一章 我们共度的最后时光

1969年5月29日,路在纽约大学举行了最后一次研讨会。但这并不意味着他准备退休了。直到1972年,他还在经济教育基金会办研讨会,那里的文化氛围相当对他的胃口。

在家的时候,路也经常读书。有一次,有人问他:"难道你没什么业余爱好吗?"他回答说:"有的,就是读书。"他的工作室是他的圣殿,而书籍就是他的宝藏。在退休前,他每晚做的最后一件事就是走到书架旁,像一个在好餐厅里研究菜谱的美食家一样,认真挑选一本书,好让这个晚上变得丰富起来。他以极大兴趣读完的最后一批书里,有一本是路易·鲁吉耶的《西方天才》(*The Genius of the West*)。他读过法文原版,认为这是一本很有价值的伟大著作。

尽管他早年做过胆囊和疝气手术,但他有良好的体质。直到生命的最后几年,他仍旧保持着健康的身心状态。

直到最后，他的视力仍非常好。唯一让他沮丧的是听力不断退化，他无法加入到多人对话中，因为如果有许多人同时跟他说话，他就听不清了。听觉退化带来的一个恶果是他没办法继续听歌剧了。不过，我们仍会去大都会剧院，我在多年前就给他预订好了。也多亏了我们的位置很好，他还能像以前那样全神贯注地观看表演。歌剧对晚年的他很重要。

他偶尔也会听广播里的室内音乐会。不过当我试着让他喜欢上一档好的电视节目时，他却说："这会占用我太多时间的。"而且他很排斥听评论员的评述，对此他的回应是："我可以独自思考。"比尔·巴克利（Bill Buckley）的《热线》（*Firing Line*）栏目是一个例外。巴克利的才智，他尖锐而辛辣的评论，以及他的热情和高效，都让路印象深刻。路是《国家评论》的忠实读者，但他时常感叹该杂志缺少好的经济学文章，认为这是巴克利的出版策略上的一个失误。

在讲座后面的讨论环节里，路的听力退化让他尤其沮丧，因为他听不清提问。在最后几年的研讨班上，为了学生们考虑，我让他们把要提的问题写下来，并大声读给路听。珀西·格里夫斯把问题转达给他，因为珀西的声音清晰而富有穿透力，路总是可以听清他说话。这一方法让人满意，路快速而精彩的回答总能赢得学生们的赞赏。唯一不方便的地方是，把问题写下来，这会打断学生和教授思想上的直接交流。

听力的退化（在他这个年纪是很自然的事）让路感觉到寂寞和孤独。为了避免这一点，我邀请来家里做客的人比以往更多了。但他越来越需要我的帮助。我好像成了路和他学生之间的"公关人员"和"中间人"。

第一次跟人见面的时候，路通常会让对方把名字写下来。路常跟我说："我课上的听众至少有整整一个小时的时间看我，听我发言。然而我只有在课后听人介绍的时候，才有一小会儿时间去看他们。以后在别的场合，如果我没有认出他们，他们会感到吃惊——甚至是气愤。"

1971年以后，路开始减少外出旅行的时间。1969年，我们乘飞机去加利福尼亚，在洛杉矶做了一次系列讲座。这次旅程很匆忙，几天后我们就回到了纽约。

路晚年度过的几个夏天里，最开心的是在1967年，当时我们在新罕布什尔州的一个小村庄——米特西尔度假。米特西尔很像奥地利的小村庄，藏在树林深处，十分荫凉，离弗朗科尼亚有3英里远。那个夏天我们没有爬华盛顿山或是其他山，但我们还是过得特别愉快。我们可以到处走走，一整天都游荡在外面。房子很宽敞，装修得很可爱，而且有一个设施齐全的厨房，所以我们可以在家吃饭，也可以走几步路去奥地利餐厅。

在米特西尔逗留期间，最让人高兴的是我们见到了小外孙女蔓迪，我女儿吉塔把她带过来陪我们。路看到蔓迪的时候，他的眼睛都亮了起来。蔓迪是个很漂亮的小女孩，7岁大，身材苗条，有一头金发和一双蓝色的大眼睛。跟我之前说过的一样，路在假期基本上不工作。但如果他工作的话，我从不会打扰他。但蔓迪才不在意什么规则，当她想跟"外祖父"说句话的时候，就径直走到路的房间，而路也从不会责备她。当她觉得路看起来太严肃的时候，她只要说一句"笑一笑，外祖父"，路的脸上马上就会浮现出慈祥而温暖的微笑。

有一天我们去参观了弗朗科尼亚学院。那里的学生认出了路，围住我们的车子，向路问了很多问题。大部分问题跟奥地利哲学家路德维希·维特根斯坦有关，他当时在学生中间很受欢迎。跟往常一样，路耐心回答了每一个问题，而蔓迪则盯着我们身边的这些男生、女生看。这是一群很奇怪的人，他们满脑子都是想要改善这个世界的想法，但穿着却十分简朴，他们都赤着脚，有的留着一头长发，有的脸上胡子拉碴。看了这些年轻人后，小蔓迪说："如果美国高校里的男生、女生都是这个样子，那么我宁愿去英格兰上学。"

蔓迪当时还不是一个爱整洁的小女孩，于是我想尽办法去改变她。有一天我跟她说："亲爱的蔓迪，如果每晚我进你的房间时你都把玩具收好了，整个房间看起来整洁漂亮，那么我就会给你5美分。用不了多久你就可以存够钱，给你妈咪买个漂亮的礼物啦。"

路听到后，跟我说贿赂孩子是一种不好的教育办法。但就在那天晚上，他到蔓迪的房间给她晚安吻的时候，却跟蔓迪说："蔓迪，如果你的房间能保持整洁的话，每天晚上我就给你10美分，你觉得好不好呀？"谁又会觉得蔓迪会说不好呢？

那个夏天照例也有访客：格奥尔格·克特尔和他的妻子伊洛，珀西·格里夫斯和他的妻子贝蒂娜。我们还跟奥地利驻联合国大使冯·海默勒男爵（Baron von Haymerle）和他妻子成了好朋友，他们的一处小屋离我们很近。一年后，海默勒博士成了奥地利驻苏联大使。他们从莫斯科给我们写信，信里措辞谨慎，但那些没写下来的话语要比写下来的更意味深长。

1970年5月，路最后一次做大范围的讲学旅行。这次是由查尔斯·希瑟利（Charles Heatherly）安排的，他当时是美国南方校际研究所的主管，现在是加利福尼亚

（左起）米塞斯、贝蒂娜、珀西·格里夫斯、玛吉特

10岁的蔓迪

的全美独立企业联盟的教育主管。这次旅程从西雅图开始（路在那里当着差不多600个人的面做了一场精彩的讲座），途经洛杉矶，最后到达亚利桑那州的图森。

这次旅行很惊险，因为当时的美国大学处于动荡之中。许多学生戴上了红袖章，以此表明自己反对参加越南战争，并联合起来罢课。也有学生害怕在动乱中被捕，干脆就待在家里。

查尔斯·希瑟利陪我们坐飞机去了图森。路易斯·加斯珀在机场接了我们，他有6英尺高，当时26岁，单身，在亚利桑那大学的经济学系担任副教授。他的几个学生跟他一起来见路。他们一同送我们到先锋酒店。

当天下午，伦纳德·里德的一位朋友邀请我们以及加斯珀博士和他的4位学生一起，到他位于山坡的家里做客，然后去乡村俱乐部共进晚餐。这位绅士的藏书室让人印象深刻。进去之后，他当即请路在他那本摊在桌上的《人的行为》上题字。他坚称，除了温斯顿·丘吉尔，路是唯一一个他请求在书上签名的人。我心想"还真是逆境不择友"，而且很怀疑这位好客的绅士是不是真的读完了他的所有藏书，或是对作者有几分了解。在喝了一杯香槟之后，他带我们坐上他的劳斯莱斯，一位文质彬彬的司机把我们送到了乡村俱乐部，在那里我们吃到了很长一段时间以来最好吃的食物。

第二天早上，路想待在酒店，而那位文质彬彬的司机又开着劳斯莱斯过来了，带我和希瑟利先生一起去了沙漠博物馆。这个博物馆看起来很奇怪，所有东西都露天展览。我们看到了老虎、蜥蜴、巨型蟑螂、山洞边上的熊、外来植物和外形奇怪的花。我必须承认，在劳斯莱斯车上我并不是很开心，回到酒店我就很高兴。当时在图森只有两辆劳斯莱斯，大家当然知道车主是谁。我很害怕那些群情激昂的学生，他们最终很可能会变得极具破坏性。一有时间，我就会看电视关注动乱，看看学生间日益增加的骚动。

路的讲座安排在晚上。我们本来必须再次穿过校园才能到礼堂，但这次加斯珀博士开车送我们，我也就不觉得危险了。加斯珀介绍了路，并宣读了美国经济学会1969年给路的颁奖词。

路讲的是通货膨胀，他的表述依旧清晰而富有说服力。讲座前和讲座后，听众都全体起立喝彩。掌声经久不息，这一定会让路觉得有点局促。

希瑟利先生把我安排在了第一排。在讲座后的提问环节，我向路提了问题，并隐去了自己的笔迹和名字："如果教授强迫本科生去读左翼分子的书，那么这些学生应该怎么办呢?"机缘巧合之下,加斯珀博士把我的纸条放在了最后面,这让路对当晚的最后环节印象深刻。我也对自己的行为很吃惊,因为我以前从来没在路的讲座上高声说过话,也从来没有提过问题。我没能记下路的回答,可能是因为我预先就知道他会说些什么。对路来说,回答我的问题是轻而易举的事儿。这也是我提这个问题的原因之一,我知道讲座和之后半个小时的提问环节会让路十分紧张,我想让他多少能够放松一些。

由于路的回答远比我的问题更重要,我在1975年2月给加斯珀博士写信说:"你有没有碰巧把路在图森的讲座录到磁带里,或者你能不能回忆起冯·米塞斯博士的回答,并给我一份大纲呢?"加斯珀博士回信说:"我真希望能立即从记忆中翻出一个让你满意的答复。但遗憾的是,我在讲台上的位置(这是我最大的荣幸)让我成了当晚最紧张的人,因此我没办法让自己像往常那样做笔记。"

加斯珀博士诚实的话再一次证实了,当年轻人第一次见到我丈夫时,时常会觉得困惑、钦佩而又敬畏。只有到后来,他们才知道他实际上是多么谦逊而羞涩。

不过我丈夫确实建议学生们去读他们的教授要求读的那些书。但他也一定会说:"不要仅仅读这些,而是要读跟这个主题相关的各个立场的书，包括社会主义、马克思主义和自由主义的书。要以开放的心态来读，要学会去思考。只有当你全面了解你的主题之后，你才能决定谁对谁错。也只有这样你才能为讨论做好准备，因为如此你才可以回答所有问题，甚至是你的对手丢给你的那些问题。"

第二天早上我和路参观了大学博物馆，后来他觉得有些疲惫，我们就回酒店了。午餐过后，文质彬彬的司机又开着劳斯莱斯出现了，带我们穿过校园去了礼堂，路要在那里跟教职人员见面，并给公众做演讲。

跟教职人员的见面让人很失望，大概只有25个教职人员来见路。加斯珀博士解释道："他们就像豺狼，别忘了，这个学校的氛围是偏左的，而且对尼克松和柬埔寨的激昂情绪与日俱增。"

这让人很不舒坦，但与教职人员的反应不同，公众演讲则是观者如云。路讲的内容是商业周期和金本位制。面对加斯珀就当前的经济形势提出的几个问题，路坦率而诚实地给出了自己的见解。人们反响热烈，路再一次赢得了满堂喝彩。5月9日，星期六，我们回到了纽约。

那个夏天我在佛蒙特州的多塞特租了一间小房子。户主叫大卫·吉尔伯特，以前是多塞特五金店的老板。

他白手起家，退休后也歇不下来，便学起了画框制作。他做得非常出色，而且很有品位。我们搬进了他原来的房子里，这是一栋可爱的老式建筑，有一个漂亮而阴凉的旧花园。房子隔壁是大卫给自己建的现代小别墅，他跟妻子诺拉——一位勤快友善的女人一起住在里面。我们很快成了好朋友。从那之后，我们成了多塞特的常客，那里的人都知道路是个"教授"了。

从纽约来多塞特并不麻烦，因此我们时常有访客。有一天，珀西·格里夫斯和4位参加过经济教育基金会研讨会的年轻学生过来了，其中有两个小伙子我们在西雅图的时候就见过。他们无比渴望再见到路，并想向他请教很多问题。路当天在花园里巨大而阴凉的古栗树下主持了一次研讨会。之后是一场气氛活跃的讨论，珀西负责把问题递给路。我们的房东大卫·吉尔伯特就坐在旁边的花园里，他专心听着，还时不时地做笔记，决定之后向路请教。

那个夏天我们还迎来了最珍爱的访客——古斯塔沃·贝拉斯科和他的妻子卢佩，以及他们的小女儿伊兰尼塔。尽管古斯塔沃是位出色的司机，但在偏僻的山坡小道上他还是迷了路。晚上11点了，他们还没到。每个人，甚至是多塞特酒店老板（我在那里给贝拉斯科一家订好了房间），都很担心。

古斯塔沃并不知道这些惊险的事情。让他高兴的是自己的房间里有冷餐、冷饮和水果,因为午餐以后贝拉斯科一家就再也没吃过东西了。他们本来应该早一点到的,否则8点以后,他们就很难找到地方正常就餐了。3天后我跟古斯塔沃要盘子,他才知道并不是酒店老板给他们提供的晚餐。不过幸亏我们有先见之明,才能让他们不用饿着肚子睡觉。

10月21日,我们又飞去旧金山做了为期一周的讲座。22日,路做了第一次讲座——有关货币的简短报告。这是我第一次注意到路不如往常思维敏捷。旅途劳累、气候变化再加上时差,一定影响到了他。不过,提问环节他状态好多了,我如释重负。星期六的时候,一直陪着我们的珀西·格里夫斯在伯灵格姆自己开了一场讲座,他面对许多听众侃侃而谈了近3个小时。路在快结束的时候过来,以一个只有10分钟的简短报告结束了这个环节。随后很多人向路提问,珀西跟往常一样帮忙把问题大声地读出来,然后由路来回答。但我注意到路在处理问题时跟以往有些不同:他回答时用了很长时间。我给他递了一张用德语写的小纸条,劝他答得简单一点。珀西相当幽默,因为读不懂,他把纸条递给路,说道:"教授,这里有一张加密的纸条。"所有人哄堂大笑。让我欣慰的是路明白了。听众的反应很好,对他报以热烈的掌声,但想到路在这一年底还接受了很多场讲座邀请,我还是忍不住担心。我知道他需要休息,不应该过多出行。

然而,1970年11月,我们去了格罗夫城学院。汉斯·森霍尔茨的照顾很到位,他让路觉得很惬意,并且得到了足够的休息。听众是森霍尔茨博士指导的学生,他们渴望听"教授"的讲话。那里的气氛温暖而友好,听众也很热情。

12月10日,路在普莱诺大学做了一次演讲,并在第二天给全体师生做了最后一场简短报告。珀西的几位学生是在这里毕业的。这也是路在纽约市以外办的最后一系列讲座。

不过他在欧文顿的研讨会还在继续;他最后一次登台讲课是在1971年3月26日。他一直很喜欢在欧文顿讲课,觉得只要可以的话就希望能继续下去。著名肖像画家乔治·奥古斯塔(George Augusta)给路作的画惟妙惟肖,被挂在经济教育基金会漂亮楼道的显眼位置上。这幅画是劳伦斯·费尔蒂希提议画的,由经济教育基金会的委托人送给了伦纳德·里德,用以庆祝基金会成立25周年。

1971年3月8日至10日,乔治·奥古斯塔事实上跟

1954年的玛吉特和米塞斯

1970年12月在普莱诺，玛吉特和米塞斯的最后一张合照

我们朝夕相处，他要利用这几天为作画打好基础。我们的起居室成了他的画室，他跟我们一起进餐，跟我们交谈，注视路的一举一动。他试着引起路的兴趣，并一直观察路和路的反应。心理分析学家是在倾听，而画家或雕刻家则是在观察，但他们的目标是一致的：都要洞察人的灵魂。对我来说，这么近距离地观察一位艺术家的工作也很吸引人。我要一直挨着路坐在一个很特别的位置，这样他的眼睛可以一直盯着我。"如果没有你，我完成不了这幅画。"奥古斯塔时常这样说。我也认为要不是这样的话，路不会"浪费时间"，在不看书的情况下，静静地目视前方坐上3天。

我很喜欢这幅画，尽管我觉得它并没有完全表现出路在1971年的模样。当时的他看起来要更有生气。画里的他目视远方，脸上疲惫的表情是最后几年才有的。但他的嘴上有一丝微笑，他经常对我这么笑，我特别喜欢。

奥古斯塔也给我画了一幅彩色素描，当作礼物送给了我。我知道他的画作的价值，觉得自己不能接受。不过当他展示给路看之后，路很坦率地表达了对这幅素描的热爱，于是他问路能否把它当作礼物接受下来。路欣然接受了。奥古斯塔说，为了最终完成它并展示给一些朋友看，他会再留着这幅画几天，然后就寄给路。但他一定是忘了,因为路后来并没有收到这幅画,这让路相当失望。

不过我一刻不曾忘记路年事已高,我非常希望他能在佛蒙特州清新无污染的空气里享受夏天,放松身心。吉尔伯特一家把房子租出去了差不多一年,在1971年夏天的3个月里,我在佛蒙特州的曼彻斯特市租了一间小房子——我很幸运地找到了那个地方。房东是长岛的一位律师,他只在冬季滑雪的时候才去住。接下来的两个夏天我们都住在这间房子里,而且比起以往的任何地方,我们更喜欢这里。小房子坐落在一个小山丘上,可以俯瞰一片绿意盎然的草地。房子很安静,三面都有开放式门廊,即使是在最热的时候,我们也至少可以从其中一面那里整天吹着微风。你可以从门廊沿着道路,一直望向远处山脚的村庄。

白天我们仍然常去散步,不过路不能走太远。我们有朋友住在附近:埃里希·胡拉教授和他的妻子安妮-玛丽。他们在韦斯顿有一处房子,开车去那里是最美妙的事情。(据我所知,他们在这个乡村过了30个夏天,是唯一不用车子的人。他们也无法忍受电视,尽管他们是热情的音乐爱好者。)我们还常去拜访前印第安纳州国会议员萨穆埃尔·B. 佩滕吉尔(Samuel B. Pettengil),他那年住在佛蒙特州的格拉夫顿。他写了《扬基先锋》(*Yankee Pioneers*) 一书，书中清晰地描绘了新罕布什尔州和佛蒙特州的乡村和居民。

路仍然很喜欢客人到访，尽管他不像以前那样多地参与谈话了。珀西、贝蒂娜和弗兰克·迪尔森跟我们共度了一个周末，格奥尔格·克特尔和伊洛来住了一晚上，他们由衷地喜欢这里的美景。

有一天，路感觉不是很好，于是我们去见了当地的克利夫顿·哈伍德医生，他的妻子是佛蒙特的州议员。当医生听到路的名字的时候，他就像对待一位老相识和最尊贵的病人一样对待路。他知道路的著作，而且通过《世事》周刊 (*Human Events*) 对路有了更进一步的了解，这本杂志就摆放在他接待病人的桌子上。哈伍德医生是一位谦逊的乡村医生。他的办公室很简陋，几把木椅，墙上贴着禁止吸烟的标志。但是在办公时间（除了周四外他每天都接诊），所有位置上都坐满了人。当一位母亲带着小孩进来，小孩又哭个不停的时候，每个人都必须等待，因为要优先治疗孩子。他穿着简单的白衬衣，裤子用背带系着，他是一位真正意义上的人道主义者：他的职业是救死扶伤。

那个夏天，路受了感染病倒了，哈伍德医生诊断一流,他悉心照料路,第一时间把他安排到了本宁顿的医院。路因过早出院病情复发的时候,哈伍德医生会在路需要的时候来家里问诊。到了路必须再次住院但本宁顿的医院已经人满为患时,他又帮我把路安排到了马萨诸塞州的威廉斯敦的医院。路想让我整天都陪着他,因此他在本宁顿住院的时候,我必须每天开50英里的车;等他转到威廉斯敦之后,我每天要开100英里。别人建议我住在医院附近,但我想在晚上回到我们的小屋里,这样才能在电话响起的时候及时接听。

某一天,珀西·格里夫斯来威廉斯敦的医院看望路,我让他在我们家过夜。我刚刚接到通知,第二天可以接路回家。

珀西同意了,我们8点离开了医院,他开车跟在我后面。突然间风雨大作。我们独自在乡村的山路间行驶,雨越下越大,我们甚至看不见10码外的东西。路边没有出口,也找不到避雨的地方,我们只能继续行驶。珀西跟着我,紧紧地盯着我的车,准备在我需要的时候帮助我。我们很晚才回到家,第二天一大早就离开了。我们只有一部分路程是同行的。珀西应该返回纽约,于是我跟他说到哪个地方我们就要分开,但到了那里珀西继续跟着我。于是我停了下来,但他对我说:"你不会认为我会让你独自一人把教授接回家吧？你怎么可以这样安排呢？"他一路跟着我到了威廉斯敦，办好所有手续，帮助虚弱的路上了车子，让路舒服地坐好。随后他跟我回到曼彻斯特，一直待到他觉得我能够独自处理好一切之后才离开。只有十分挚爱的朋友才会像他这样做。

那个夏天路完全恢复了，但他也意识到自己不再跟以前一样了。他变得很安静，我时常希望他能再跟我说说他在战争时期的那些故事，这些都是他以前常说给我听的。有一次他说："最糟糕的事情莫过于，我还有很多东西想给人们和这个世界，但我没办法再把它们整理好了。这太折磨人了。"

几周后我们回到了纽约，路要过 90 岁的生日了。拉里·费尔蒂希安排了一场私人聚会，来的客人是纽约大学俱乐部里的好朋友，大概有 20 个人。路收到了一份特殊的礼物——加利福尼亚的人类研究中心编辑的两卷本纪念文集，里面有来自 18 国学者的 71 篇文章，他们都是路以前在世界各地的学生和朋友。《致自由》（*Towards Liberty*）一书的主题是由古斯塔沃·贝拉斯科想出来的，得到了研究中心的主任、我们的好朋友弗洛伊德·A. 哈珀（Floyd A. Harper）博士的热烈赞同。该书由肯尼斯·坦普尔顿（Kenneth Templeton）精心制作而成。

我从一开始就知道这项计划,并跟哈珀博士保证自己会守口如瓶。但我没能遵守诺言,因为拉里·费尔蒂希和古斯塔沃·贝拉斯科在路还在曼彻斯特的时候就提前向他表示祝贺了。我必须说他们这样做很明智,因为在那时路仍旧很享受阅读。

在我看来,劳伦斯·费尔蒂希在《致自由》里写的话颇有预言的意味:

> 21世纪的经济史学家肯定会很不理解20世纪的经济学理论家所受到的欢迎,他们也会特别不理解从第一次世界大战到1970年这几十年里所发生的一些事情……
>
> 无上的荣誉纷纷授予那些经济学家,他们的主要成就是促进了一次严重的通货膨胀,然而到了20世纪末,人们普遍承认这次通货膨胀是很多社会动荡和经济危机的根源所在。那些经济学家盛行一时,众多有钱的基金会给他们提供资助,就连学术界的绝大部分知识分子也支持他们。
>
> 但是,面对经济理论,以及那些解释人在现实世界中的行为的广泛的基本原则,如果未来的经济学家想要准确地鉴别谁做的贡献最大,他们会更加

不理解。因为在美国一流的常春藤盟校颁发的奖金或学术荣誉中，他们只能找到一次贫乏的记录，那次颁发给了那位发现并阐述了20世纪最杰出的部分经济学理论的经济学家。他的名字就是路德维希·冯·米塞斯。

在接下来的几周里，路读了世界各地的杂志和报纸上有关他的文章之后，他跟我说："活到90多岁的唯一好处就是，你可以在活着的时候读到自己的讣告。"

我们现在过得很宁静，不过我每周都会邀请朋友来做客，因为我不想让路觉得孤单。在这些朋友中，路最喜欢见的是拉里·费尔蒂希、亨利·黑兹利特，以及珀西和贝蒂娜。他们声音洪亮，谈吐清晰，并会选一些路感兴趣的话题，好让他也能参与对话。但他最希望的还是单独跟我待在一起。他时常说："如果不是你，我早就不想活下去了。"在路生命的最后几周，医生告诉我说，病人并不知道自己的意识正在流逝。我不愿相信这一点，路知道这些，而他找不到继续活下去的目标了。

1973年那个最后的夏天，我太累了，无力再操持家务，于是我们坐飞机去了瑞士卢塞恩的一个疗养胜地，那里可以俯瞰琉森湖和积雪覆盖的群山美景。那个地方有个美丽的公园，当地人友好而体贴，路很喜欢在公园里散步。但那个地方太偏僻，缺少合适的医疗护理。

我们几周后离开了，到纽约的当天路就住进了医院，再也没出来。医生不准他见访客，但当珀西和贝蒂娜在他92岁生日时来看他的时候，他请我让他们进来。贝蒂娜祝他生日快乐，路感激地亲吻了她的手。这位奥地利绅士又回忆起了古老的奥地利习俗。贝蒂娜和珀西哭得很厉害，于是我让他们出了病房，因为我不希望打扰到路。在安定片的帮助下，我尽力一直在路的面前保持微笑。

路最后的也是最大的乐趣是听我给他念亨利·黑兹利特为他92岁生日所写的文章。我只给他读了一小段，黑兹利特说道：

> 他在一生的92年里，硕果累累。在授予他1969年度杰出学者时，美国经济学会确证了，如果只算第一版，那么路有19卷著作，而如果把所有修订版和外语翻译版算进来，那么就有46卷。晚年的时候，米塞斯还获得了其他荣誉。但整体来说，这些荣誉与他的成绩并不相称。如果有一个人应当获得诺贝尔经济学奖，那他就是米塞斯。

这段话我给路读了两遍，确保他听懂了。他浅浅一笑，看着既难过又无奈。

同样的一丝苦笑还出现过一次，我记得非常清楚，那是在1969年12月4日，当时路读了温斯顿·杜克（Winston Duke）在《哈比斯新闻报》（*Harbis News*，哈佛大学商学院的团体报）上的一篇文章。文章题目是《应当获得诺贝尔经济学奖的人》：

> 为了锻炼自省能力，我把米塞斯的著作《反资本主义心态》推荐给哈佛大学商学院的各位教职人员。而且也向经济学系那些认真的学生们推荐米塞斯的那本不朽著作——《人的行为》，这是自《国富论》以来最伟大的经济学著作。单凭《人的行为》一书，他就应当获得诺贝尔经济学奖。然而在全美国那些所谓的"自由"和"兼容并蓄"的大学里，经济学系对他给出了很差的评价，最后使得经济学的教材和课堂里系统地排除了这个人的著作。同理，正是因为诺贝尔经济学奖的那些评审们给出了令人作呕的评价，这个荣誉才会（甚至）不提名米塞斯教授。

在去世前一天，路的头脑特别清醒。他一整天都握着我的手，但他太虚弱了，晚上跟我说话的时候，他的声音都快听不清了。他说："你看起来很累，必须马上回家休息。"晚上9点的时候，医生坚持让我离开。之后不久，路陷入昏迷，再也没有醒来。他逝世于1973年10月10日早上8点30分，当时在他身边的是他的医生和3位亲切的年轻护士。

路仍然陪在我身边，以后也将如此。他的思想，他的理念，他的著作和他的学说，都将与即将到来的更美好的未来一起长存于世。他的著作的销售不仅没有中断，而且还稳定地增长。布宜诺斯艾利斯的一条街以他的名字命名。朝圣山学社在1974年的布鲁塞尔会议上给他颁发了一项令人钦佩的纪念奖章——这是由学社的主席阿瑟·谢菲尔德提议的。我作为嘉宾出席了会议。7位杰出的学者发表了关于路的纪念演讲，这些讲稿后来结集成一本小册子出版了。危地马拉的马洛京大学建了一座路德维希·冯·米塞斯图书馆，还出版了《理论与历史》的西班牙语新译本［译者是里吉贝斯托·胡阿雷帕兹（Rigobesto Juarez-Paz）］。路以前的德语著作的出版社——德国斯图加特的古斯塔夫·费舍尔出版社，将很快重新出版在1929年首版的《干预主义批判》(*Kritik des Interventionismus*)。这一次该书将由德国科学书籍学会负责出版，并由F. A. 冯·哈耶克写序。珀西·格里夫斯已经为《人的行为》出版了一本词典，书名为《米塞斯一本通》（*Mises Made Easier*）。

加利福尼亚的全美独立企业联盟有30万名成员，它的现任教育主管查尔斯·希瑟利每年都会在大学本科生中开展"路德维希·冯·米塞斯论文竞赛"活动，1975年就有1000多个学生参赛。在校长乔治·罗奇的引荐下，希尔斯代尔学院每年都会办"米塞斯系列讲座"。一对加利福尼亚的夫妇已经立下遗嘱，用自己的财产给罗克福德学院的米塞斯经济学教授席位（Mises chair）提供资金支持。田纳西州、华盛顿州和马萨诸塞州的自由至上主义团体在他们的时事通讯上向成员们提议，把每年的9月29日定为"冯·米塞斯日"。1975年，路的《反资本主义心态》有了录音，让那些看不了书的盲人也能听到。最近，爱达荷州的国会议员史蒂文·西姆斯（Steve Symms）向国会提交了一项法案（H. R. 8358），呼吁锻造2枚各重1盎司的纯度为0.9999的金币，并向全美国人发售。其中一枚金币"应当在一面印上已故经济学家路德维希·冯·米塞斯的肖像，另一面是美国的印章"。而另一枚金币"一面印上托马斯·杰斐逊总统的肖像，另一面是美利坚合众国的印章"。西姆斯说道："在我看来，锻造金币，是对已故的最伟大的经济学家和最伟大的政治思想家的一种恰当的致敬。"

如果说我自己还有什么特别的愿望的话，那就是希望每一位美国总统在就职典礼上获得一整套路的著作，并将它们放到白宫的总统办公室里。对于政府干预、计划经济和通货膨胀而言，这些著作应当被列入特别推荐书目。它们也许有利于保卫美国的自由。我的第二个愿望是，每一个教授经济学和政治学的大学或学院都能基于自己的自由意志，把市场自由列入他们的课程。

我能够用以下这些话来很好地概括我丈夫的品格，这些话本来是他自己在写杰出的经济学家本杰明·安德森时所说的：

> 米塞斯最显著的品质是他不屈不挠的正直，毫不踌躇的诚挚，以及决不畏缩的爱国之心。他从不屈服，总是为他认为是正确的事情自由发声。如果他能克制或缓和对受欢迎但实际很糟糕的政策的批评，那么最有权势的官职就会唾手可得。但他从未妥协。这种坚毅品质让他成了这个时代最杰出的人物之一。

这张照片是玛吉特的最爱之一

1975 年夏，玛吉特在奥地利

附录一

路德维希·冯·米塞斯写给 F.A. 冯·哈耶克的贺词
发表于为哈耶克举办的宴会
1962 年 5 月 24 日，芝加哥

很抱歉，由于路途遥远、安排太满和年事已高等一系列原因，我无法出席这次聚会。如果我能够到场，我应该会讲一讲哈耶克教授本人和他的成就。由于条件限制，我只能把这些话写下来，并对替我送话的朋友感激不尽。

要恰当地评价哈耶克博士的成就，就必须考虑到当时在欧洲，尤其是在第一次世界大战末期的维也纳普遍存在的政治、经济和意识形态方面的情况。

几个世纪以来，欧洲人一直渴望自由，致力于摆脱专横的统治者，建立起代议制政府。所有有理性的人都要求用法治来代替世袭诸侯的专权和寡头政治。这种对自由原则的普遍认同深深地根植于人们心中，即使是左翼人士也不得不在口头上妥协：将自己的政党称为社会民主党派。当然，这么使用民主一词不过是一种障眼法，因为他们清楚地知道，计划经济绝不意味着个人自由，相反，它要求个人完全服从计划当局的命令。但那些赞成计划经济的大众相信，国家的"消亡"将会让每个人的自由不再受限制，而他们从不知道该如何来解释"专政"这一神秘术语。

但现在又一位独裁者上台了，这个人仿效克伦威尔和拿破仑，遣散了普选出来的国会，并无情地清除所有异己。这位新独裁者不仅在自己的祖国，而且在各个国家主张要拥有至高无上且不加限制的权力。而所有国家中有成千上万自封为知识分子的人，热情地拥护他的主张。

只有那些在关键时期——从沙皇俄国倒台到最后的中欧货币危机期间——生活于中欧的人才会知道，当时一个年轻人若不倒向左翼，或是其他某种很快就萌发出要模仿苏联模式的倾向的政党，是多么不容易。弗里德里希·冯·哈耶克是一个持不同政见的团体中的成员，这个团体拒绝加入朱利安·班达恰如其分地称为"知识分子的背叛"的阵营。在维也纳大学的法律与社会科学学院，他学习勤奋，最终获得了博士学位。后来，他有机会到纽约去给纽约大学的耶利米·詹克斯（Jeremiah Jenks）教授——国际货币政策领域的杰出专家——当了一年零几个月的助手。不久他回到了维也纳，在新成立的科学机构——奥地利商业周期研究所工作。在这一领域内，无论是作为经济学家，还是作为统计学家和管理人员，他的工作完成得都很漂亮。但这么多年来，他的主要兴趣还是在经济研究上。有一群年轻人参与了我在维也纳大学举办的研讨班的研究和讨论，哈耶克正是其中一员。他发表了好几篇高质量的论文，谈到了货币、价格和商业周期的问题。但鉴于奥地利的政治局势，他能否在奥地利大学获得一份全职教授的职位，这是相当成问题的。不过当时的英格兰对自由市场经济仍没有偏见，因此在1931年，哈耶克被任命为伦敦大学图克讲座经济学与统计学教授。从行政责任（这些事务压缩了他在维也纳的研究时间）中脱身之后，他得以发表若干研究经济理论的杰作，并把理论应用于经济政策。理所当然，他很快就被视为我们这个时代最杰出的经济学家之一。

  经济学家并不仅仅是理论家。理论家的研究只能引起其他经济学家的直接兴趣，而且几乎不为非专业人士所阅读和理解。然而经济学家处理的是经济政策所带来的后果，因此他必然总是置身于争论之中，这些争论围绕政策而展开，因而也关乎国家命运。无论喜欢与否，他都必须为自己的理念而奋斗，并在恶毒的攻击中捍卫它们。

哈耶克博士发表了很多重要的著作和论文，他的名字也将位列伟大经济学家之中而被人们所铭记。但让他一夜之间在西方国家声名鹊起的，是一本出版于1944年的小册子——《通往奴役之路》。

以自由和人权的名义，西方国家奋起反抗德国和意大利的专制政权——纳粹和法西斯。在他们看来，他们的敌人都是奴隶，他们自己则坚定地投身于捍卫个人主义的伟大理想。但哈耶克揭示了这一说法的错误本质。他表明了，那些在英国（就此而言还有它的盟友）看来应当谴责的纳粹经济体制的所有特征，都恰恰是左派（那些自封的进步分子、计划经济者以及美国新政支持者）力图制定的政策的必然结果。在与极权主义斗争的同时，英国及其盟友也以极大的热情将自己的祖国转变为极权主义，并在通往奴役的道路上越走越远。

在几周的时间里，这本小册子就成了最畅销的书，并被翻译成各种语言。许多人十分友善地称呼我为复兴

19世纪古典自由思想的奠基人之一,我对这种说法持保留意见。但毫无疑问的是,哈耶克教授和他的《通往奴役之路》为一个国际组织的建立铺平了道路,这个组织里聚集的都是自由的拥护者。正是他的提议,促成朝圣山学社在1947年建立起来,这个学社把铁幕这一边所有国家的杰出自由至上主义者联合了起来。

哈耶克花了30年时间研究经济理论和社会科学认识论的问题,在对这些问题的解决方法做了开创性研究之后,他把兴趣转向了一般的自由哲学。他的研究成果汇集在两年前出版的《自由宪章》这一专著之中。这是他这些年来担任芝加哥大学教授期间的研究成果。值得注意的是,这位出生于奥地利的奥地利学派经济学家,在伦敦教了很多年的书,又在杰斐逊和梭罗的祖国写出了这本有关自由的书。

我们并不会完全失去哈耶克教授。尽管他今后会到德国的大学里教书,但我们相信他会时不时回到这个国家举办讲座、参加会议。而且我们相信,当他回来访问的时候,他能就知识论、资本和资本主义、货币、银行和商业周期以及最重要的自由,说出更多的东西。带着这个期望,我们可以把他将来活动的城市——弗莱堡(Freiburg)的名字,看作是一个好兆头。"Frei"即意味着自由。

我们不会把这次聚会看作是告别宴。我们不说再见,我们留待下次再说。

附录二

F.A.冯·哈耶克给路德维希·冯·米塞斯的贺词
发表于为米塞斯举办的宴会
1956年3月7日，纽约

主席先生、冯·米塞斯教授、女士们、先生们：我这一生中从来没有过，而且我也不奢望还会再有这样的机会，能让我感到如此的荣幸和高兴，即允许我站在这里，代表在场所有人以及成百上千的其他人，向一位伟大的学者和伟人表达我们深深的尊敬和谢意。毫无疑问，这是很荣幸的事情，因为在所有这些有空到场的学生中，我是最年长的一位，因而我应该可以跟你们说说我自己的个人回忆，讲讲我们今天所祝贺的这位伟大人物的不同研究阶段。在正式为冯·米塞斯教授致辞之前，我相信他会允许我跟你们谈一谈他。米塞斯教授获得博士学位已有50年光阴，尽管我的回忆囊括其中将近40年的

（左起）玛吉特、哈耶克、米塞斯

时光，我仍不知道该怎么根据我自己的经验谈论比之更早的那段岁月。我在一战后不久第一次成为米塞斯教授的学生时，他就早已凭借第一本伟大的著作而为世人所知——这本书一直是研究货币理论的杰作。这本著作1912年就问世了，但绝非米塞斯最早的成就。实际上，他的第一本经济学著作在整整10年前就已面世，甚至比他获得博士学位还早4年。我一直不知道他是如何做到的，我相信这本书在他接触庞巴维克之前就已完成。庞巴维克是上一代的人，对他的科学思维产生了重要影响。正是在庞巴维克的研讨班上，一群杰出的人崭露头角，后来成为卡尔·门格尔所创立的奥地利学派的第三代成员。事实很快证明，冯·米塞斯的思想在这些人当中最具独立性。

在我讲完学生时代并逐渐引到50年前授予的学位之前，我想停下来说一份通告。我们不是唯一想借纪念日来祝贺米塞斯教授的人。尽管我想成为第一个告诉他这个消息的人，但是恐怕这对他来说已经不是新闻了，我了解到，维也纳大学也希望借此机会来祝贺他。我在几天前刚得知，维也纳大学法学系已经在不久前正式决定，重新授予它很久以前授予米塞斯教授的学位。即使冯·米塞斯教授尚未拿到新的学位证书，那也只是时间早晚的问题。在此期间,我将向各位宣读系主任用航空邮件发给我的颁奖词:维也纳大学法学系在1955年12月3日的会议上决定,再次颁发曾于1906年2月20日授予路德维希·冯·米塞斯的博士文凭,因为"他通过自己对奥地利学派经济理论的贡献而获得了最高荣誉,他极大地提高了奥地利科学研究的国际声望,他作为维也纳商会的主管做出了最有益的工作,还率先为奥地利经济研究所的建立奠定了基础"。

说完通告,我必须回到他最初的经济学杰作上来。于我们而言,20世纪的头10年被诉诸笔端的时候,它似乎是一个遥远的和平时期,甚至大多数中欧人也会被他们文明的稳定性蒙蔽双眼。但对于一个像冯·米塞斯教授那般具有先见之明的敏锐观察者来说,一切并不像表面上那般平静。我甚至认为,这本最早的著作是在对即将到来的厄运的持续觉察中,是一个年轻的预备军官在战争警报不断的时候,置身于千万困难和干扰中写出来的。我提到这些是因为我相信,米塞斯教授在写作这些书的时候,内心的疑惑一直挥之不去,不敢肯定文明是否能够延续到这些著作问世。不过,除了写作时的危机感,这些著作还有经典作品的完满性,这种在范围和形式上的完整理解意味着创作上的游刃有余。

《货币理论》不仅仅是一本有关货币理论的著作。尽管它的主要目标是要填补当时经济理论中所公认的最显眼的空白，但它同样对价值和价格这一基本问题做出了贡献。如果它能更快地产生实际效应，那么大灾难和毁灭本来是可以避免的。但当时国民对货币的理解相当粗浅，所以不能期盼这样一本复杂的著作能够迅速起作用。该书很快得到了当时为数不多的最聪明的人的称赞，但大众对它的认可来得太迟了，因此没能让他的祖国和欧洲大部分国家避开灾难性的通货膨胀。我忍不住要简短地提一条有关这本书的有趣评价。在评论者中，有一位名叫约翰·梅纳德·凯恩斯的年轻人，他无法抑制自己对这本著作的博学和哲学广度的羡慕和敬仰。但正如他后来所解释的，不幸的是，他的德语只能让他理解一些他已经知道的东西，他没能从这本书中学到什么。如果凯恩斯勋爵的德语能够再好一点，那么世界可能会免遭诸多灾祸，德国的状况也会更好一些。

这本书出版后，米塞斯教授收获了不少大学里的读者，但不久他的研究工作就被第一次世界大战所打断——他被召去服兵役了。在炮兵连服役几年后，我想是在指挥炮兵连的末期，他在军部经济部门里发现自己已经看到了战争的结果，并再次开始思考更广泛的经济学问题。

无论如何，几乎是在战争结束的同时，他已经准备好了一本新书。这本鲜为人知而且现在也很罕见的著作名叫《民族、国家与经济》(Nation, Staat und Wirtschaft)，我特别珍藏着这本书，因为里面包含着米塞斯教授后来一系列思想发展的许多萌芽。

我同意这样的观点，即当时米塞斯的第二本代表作已经在他头脑中成形了，因为在不到两年后发表的一篇有关社会主义社会的经济计算的著名文章中，这本书里的关键章节出现了。后来米塞斯教授再次担任了维也纳商会的法律顾问和金融专家。应当说明的是，这一商会是隶属于奥地利官方的机构，其主要任务是就立法给政府提供建议。与此同时，米塞斯教授还把这一职位的工作与另一份职位的工作相结合，即作为政府特别办公室的领导之一，负责合约条款的执行。正是在担当这些职务的时候，我开始对他有更多的了解。我当然参加了他在大学开办的课程，不过对此我必须为自己辩解一下，由于需要仓促完成一门战后的法学课程，我并没有把所有空余时间都用在经济学上，也就没能把握好自己本该充分利用的机会。但巧的是，我的第一份工作是在那个临时政府办公室担任米塞斯教授的下属，我从那里了解到他是一位多么有效率的主管，而且就像人们评论约翰·

斯图亚特·密尔时说的那样，他能在两个小时内完成日常工作，总是保持桌面整洁，并能就任何事情谈天说地。我开始意识到他是我所认识的人中最有教养也最博学的人，而且最重要的是，他是唯一对当时严重的通货膨胀有清醒认识的人。当时我们都认为他很快会担负起这个国家的财政工作。很显然，他是唯一有能力阻止这场通货膨胀的人，而且如果能早点让他来负责，许多灾难本来是可以避免的。但可惜这些都只是如果罢了。

不过，虽然我时常跟米塞斯教授联系，但当时我丝毫不知道他正在写一本对我们这代人影响极深的书——《公有制经济》，后来它被翻译为《社会主义》，并于1922年问世。尽管我们都很敬佩米塞斯教授在经济学领域已经取得的成就，但这本书涵盖的范围更广，而且意义更为深刻。该书所作的研究，与孟德斯鸠和亚当·斯密等伟大的道德哲学家研究的政治经济学一脉相承，其中包含着敏锐的知识和深刻的智慧。我丝毫不怀疑，该书将长久保持它已经在政治思想史上取得的席位。无论如何都毋庸置疑的是，它对处于最敏感的年纪的我们也产生了很大影响。对我们这些年轻人而言，在该书问世并读完了它后，整个世界都不再一样了。如果勒普克、罗宾斯或奥林（只要是那些年纪跟我相仿的人）能在这里，他们也会告诉你同样的事情。这是一粒过于猛烈和苦涩的药丸。但矛盾的是，迫使别人反思那些曾引导过他们的观念，这正是创新者的主要作用。尽管我们试图抵制，甚至奋力摆脱这些令人不安的思想，但我们都失败了。论证的逻辑让人不得不折服。

这并不简单。米塞斯教授的教导似乎跟我们过去一直信奉的东西直接对立。在当时，所有受欢迎的理性论证似乎最终都会指向社会主义，而且知识分子中的"好人"几乎全都是社会主义者。尽管该书的影响力并没有像人们所期望的那般立竿见影，但令人惊奇的是，它确实产生了非凡的影响。因为对于当时年轻的理想主义者而言，它意味着要冲垮他们的所有希望；而且，由于当时整个世界都在关注这部著作所指出的世界走向毁灭的原因，因此它还带给我们一种轻微而又深邃的绝望感。对于我们这些认识米塞斯教授本人的人来说，很显然，他对于欧洲和世界的未来的观点很快就成了一种最悲观主义的观点。而我们很快就要学习如何去为一种悲观主义做辩护。

年轻人并没有做好准备去接受这样一种论证，它不可避免地会使人对未来持一种悲观主义态度。但当逻辑力量有所不逮时，另一个因素很快会施以援手——米塞斯教授那种能激怒人的倾向最后总会被证明是对的。或许他严厉斥责的愚蠢所带来的可怕后果并不总是如他预测的那般很快显现，但它们迟早会出现。

请容我在这插一段讲稿里没有写的话。当我听到有人说米塞斯教授是保守派的时候，我总是忍不住会笑。确实，在这个国家，在这个时代，他的观点可能会吸引那些持保守主义观点的人。但当他开始为他们辩护的时候，却发现没有一个保守派团体是他可以支持的。他呼吁要相信自由，这比什么都更具革命性而且更激进。对我来说，米塞斯教授一直以来都是一个伟大的激进分子，一个充满才智且富有理性的激进分子——但是尽管激进，却总是按照正确的原则行事。

我最后才讲《社会主义》，是因为对我们这代人来说，这本书一直是米塞斯教授一生中最值得纪念也最具决定性的作品。当然，我们从他接下来15年的一系列著作和文章中也受益良多，它们都是米塞斯教授用心写作的，而且加强了他的立场。它们全都值得做详细讨论，可惜我不能一一列举出来。我必须转到他的第三本代表作上来，这部著作的德文版最早在1940年出版于瑞士，10年后米塞斯教授又以《人的行为》为书名重写了英文版。它涵盖的领域早已超出了单纯的政治经济学，而且现在就来评价它的意义还为时过早。只有当读到它的人同样处于理智转变的关键性时期，并已经达到富有创造力的阶段，才能理解它可能带来的全方位的影响。就我个人而言，我丝毫不怀疑，长远来看它至少会跟《社会主义》一样重要。

实际上在这本著作的第一版问世之前，米塞斯教授的生活就出现了巨大的改变，对此我必须简单提一下。当希特勒入侵奥地利的时候，他正在日内瓦担任客座教授，这不得不说是命运的眷顾。我们知道，不久后的重大事件让他不得不把这个国家和城市当成自己的家乡。不过当时也发生了一件值得高兴的事情。我们这些他在维也纳时的学生，常常把他看作是最杰出但又有些严厉的单身汉，他总是以最有效率的行程来安排自己的生活，但这种高强度的脑力活动很显然会让他像蜡烛那般燃烧殆尽。如果我们今天能够祝贺米塞斯教授（在我看来他跟20年前一样年轻，而且这个很久以前的激进斗士出乎我们的预料，即便是对对手也和蔼可亲），那么我们应当把这一切归功于一位优雅的女士，她在关键时刻走进了米塞斯教授的生命，让他的家和今天的晚会熠熠生辉。

最后，我无需就米塞斯的活动跟你们说些什么，因为他就生活在你们之中。在最近的这15年里，你们很多人有更多的机会了解他，并且比他以前的学生更有机会从他的建议中受益。与其再去谈论他，不如让我回过头来简单解释一下，为什么我们会敬佩和敬畏他。

米塞斯教授！你已经享誉世界，让你进一步扩展自己的学问和学识，扩展自己的智慧和洞察力，或许是鲁莽的请求。但你已经表现出的其他品质不是所有伟大思想家都具有的。即使是你独自一人的时候，你也表现出无畏的勇气。你在思想上表现出从不间断的一致性和坚持，哪怕这会让你不受欢迎甚至遭受孤立。长久以来，你一直得不到官方研究机构的认可，而这本是你应得的。你见证自己的学生获得了许多奖项，而这些本该属于你，但你对此毫无嫉妒或偏见。不过，比起大多数其他不受欢迎的事业的倡导者，你要幸运得多。你早就知道，自己长久以来一直独自为之奋斗且几乎得不到支持的那些思想，终将取得胜利。你看到自己的学生们不断发展壮大，钦慕者聚集在你身边，与此同时，你也继续着自己的追求，努力追逐并悉心发展自己的思想。你点燃的火炬现在成了一场新的自由运动的向导，而这一运动每天都在壮大自身。今天我代表你的所有门生，通过恰当表述我们的感受，向你表达我们的敬仰和感激之情。我本希望能动用自己的名声来组织这场聚会，但实际上你的年轻一代的门生带头做了我们这些年长的门生一直希望去做的事情。正是该书主编和经济教育基金会的名望,给我们提供了机会,让我们得以向你表达我们的祝愿。

女士们、先生们,最后请允许我邀请你们举起酒杯,向冯·米塞斯教授表示祝贺,祝愿他在往后的日子里健康长寿、硕果累累,也希望他会继续引领、辅导和激励我们。敬冯·米塞斯教授!

读者联谊表

(电子文档备索)

姓名：　　　年龄：　　　性别：　　　宗教：　　　党派：
学历：　　　专业：　　　职业：　　　所在地：
邮箱_____手机_____QQ_____
所购书名：_____在哪家店购买：_____
本书内容：满意　一般　不满意　本书美观：满意　一般　不满意
价格：贵　不贵　阅读体验：较好　一般　不好
有哪些差错：
有哪些需要改进之处：
建议我们出版哪类书籍：
平时购书途径：实体店　网店　其他（请具体写明）
每年大约购书金额：　　　藏书量：　　　每月阅读多少小时：
您对纸质书与电子书的区别及前景的认识：
是否愿意从事编校或翻译工作：　　　愿意专职还是兼职：
是否愿意与启蒙编译所交流：　　　是否愿意撰写书评：
如愿意合作，请将详细自我介绍发邮箱，一周无回复请不要再等待。
读者联谊表填写后电邮给我们，可六五折购书，快递费自理。
本表不作其他用途，涉及隐私处可简可略。
电子邮箱：qmbys@qq.com　　联系人：齐蒙

启蒙编译所简介

启蒙编译所是一家从事人文学术书籍的翻译、编校与策划的专业出版服务机构，前身是由著名学术编辑、资深出版人创办的彼岸学术出版工作室。拥有一支功底扎实、作风严谨、训练有素的翻译与编校队伍。出品了许多高水准的学术文化读物，打造了启蒙文库、企业家文库等品牌，受到读者好评。启蒙编译所与北京、上海、台北及欧美一流出版社和版权机构建立了长期、深度的合作关系。经过全体同仁艰辛的努力，启蒙编译所取得了长足的进步，得到了社会各界的肯定，荣获凤凰网、新京报、经济观察报等媒体授予的十大好书、致敬译者、年度出版人等荣誉，初步确立了人文学术出版的品牌形象。

启蒙编译所期待各界读者的批评指导意见；期待诸位以各种方式在翻译、编校等方面支持我们的工作；期待有志于学术翻译与编辑工作的年轻人加入我们的事业。

联系邮箱：qmbys@qq.com

豆瓣小站：https://site.douban.com/246051/